社区（老年）教育系列丛书

中国传统文化与老年生活

主 编 李瑞萍

郑州大学出版社

图书在版编目(CIP)数据

中国传统文化与老年生活／李瑞萍主编；薛新萍副主编.
—郑州:郑州大学出版社,2023.6
(社区(老年)教育系列丛书)
ISBN 978-7-5645-9395-7

Ⅰ.①中…　Ⅱ.①李…②薛…　Ⅲ.①中华
文化-中老年读物②社会生活-中国-中老年读物
Ⅳ.①K203-49②D669.6-49

中国国家版本馆 CIP 数据核字(2023)第 020181 号

中国传统文化与老年生活

ZHONGGUO CHUANTONG WENHUA YU LAONIAN SHENGHUO

选题策划	孙保营　宋妍妍		封面设计	王　微
责任编辑	席静雅		版式设计	陈　青
责任校对	陈　思		责任监制	李瑞卿

出版发行	郑州大学出版社		地　　址	郑州市大学路40号(450052)
出 版 人	孙保营		网　　址	http://www.zzup.cn
经　　销	全国新华书店		发行电话	0371-66966070
印　　制	河南美图印刷有限公司			
开　　本	787 mm×1 092 mm　1/16			
印　　张	18.25		字　　数	205 千字
版　　次	2023 年 6 月第 1 版		印　　次	2023 年 6 月第 1 次印刷

书　　号	ISBN 978-7-5645-9395-7		定　　价	92.00 元

《中国传统文化与老年生活》
作者名单

主　编　李瑞萍

副主编　薛新萍

编　委　（以姓氏笔画为序）

李瑞萍　薛新萍　郭进都

前 言

··

　　中华优秀传统文化源远流长、博大精深,包含着丰富的哲学思想、道德规范、价值观念、审美品格、艺术情趣、辩证思维和科学智慧,积淀着中华民族最深沉的精神追求,代表着中华民族独特的精神标识,形成了中国人的思维模式和行为方式。世界四大古老文明中,古巴比伦文明、古埃及文明、古印度文明都已消失,只有中华文明是唯一未曾中断的文明,绵延至今,生生不息。英国著名史学家阿诺德·约瑟夫·汤因比和日本学者池田大作针对东西方文化以及人类未来讨论了近两年,最终得出的结论是:人类的未来在于东方的中国,中华文化会引领全球,中国会是全球的领导者。而在汤因此去世之后的近五十年里,这一预言正在接近现实。每一个中国人都该为中华文明感到自豪,都应该学好并传承中华优秀传统文化。

　　人的全面发展是每个人一生的追求。老年作为人生的一个阶段,也需要通过学习,享受高品质生活,实现生命的超越和人生价值的自我实现。中国传统文化的一个核心特点就是强调修身养性、提升道德水平,这富含人生智慧和养生哲学,与老年人的身体状况、生活特征及价值需求更加契合。老年人有丰富的人生阅历,对中国传统文化更易认可,更有学习兴趣。多样化的中国文化形态又为老年人学习提供了资源,中国哲学、中国文学、中国艺术、中医中药等,为老年人的生活提供了丰富的内容,满足老年人的多种需求。为此,我们根据老年人的生活需求和学习特点,专门编写一部适合老年人阅读学习、为老年人"量身定做"的中国传统文化图书,旨在帮助老年人学习中国哲学和人生智慧,丰富老年人精神生活,修身养性,提高道德水平,树立健康的人生理念,掌握正确的养生方法,提高生命质量。

本书编写特点:一是坚持以人为本,结合老年群体特点、认知能力和精神需求,选取中国传统文化中贴近老年人生活、老年人感兴趣的内容,将全书设置为七章,按照文化概述、哲学、古典文学、古典艺术、民俗、饮食、医药的顺序,既遵循思想发展脉络,又注重知识传递规律,由精神生活到物质生活层面,阐述中华优秀传统文化的精髓。二是在每一章的最后一节单独论述该章节内容与老年生活的关系,提升老年人的日常文化修养。三是在编写过程中既注重内容的科学性、系统性、逻辑性和完整性,也具有适应老年群体的针对性、实用性和康乐性。本书内容由浅入深,尽量采用通俗易懂的语言,方便老年人阅读。

本书参编人员均为长期从事中国传统文化课程教学工作的专业教师。本书具体写作分工如下:李瑞萍撰写第一章、第二章、第六章;薛新萍撰写第三章、第四章、第五章;郭进都撰写第七章。

本书在编写过程中,对前人和同行的成果多有借鉴,在此深表感谢。由于编者水平有限,经验不足,疏漏之处,敬请广大读者和各位专家批评指正。

编　者

2022 年 6 月

目　录

第一章
中国传统文化概述

中国传统文化源远流长,博大精深,是我国各族人民共同创造的精神财富,包含着丰富的人生智慧。中国传统文化在长期的发展过程中,形成了独特的精神特征,主要包括:天人合一的和谐精神、以人为本的人文精神、刚健有为的积极精神和有容乃大的包容精神。而形成这样的文化特征的原因,是与我国独特的地理环境、经济基础和政治制度密切相关的。

第一节　何为中国传统文化

世界文化有多种类型,文化的定义也是多种多样。为了更好地传承和发扬中国传统文化,首先应该弄清楚文化、中国文化、中国传统文化等概念,为进一步学习和研究中国传统文化奠定基础。

一、什么是文化?

"文化"一词在中国语言系统中早已有之。在我国,一开始"文化"一词并非联用,而是分为"文"和"化"两个部分。其中,"文"的形象,像一个站立着的人形,本义指"文身",引申为花纹、各种各样交错的纹理,后又引申为文字、文饰、文武、天文等。"化",古字形由一个头朝上的人和一个头朝下的人相背组成,本义是变化,后引申为通过教育使风俗、人心发生变化,即教化。又指自然界从无到有、创造化育世间万物,即造化。

图1 "文"字的甲骨文

图2 "化"字的甲骨文

后来,"文"和"化"并联使用,乃是"人文化成"一语的简称。此语最早出于《易经·贲卦·象辞》:"刚柔交错,天文也;文明以止,人文也。观乎天文,以察时变,观乎人文,以化成天下。"这段话的意思是说,刚美与柔美交相错杂,这是天的文采;文章灿烂止于礼义,这是人类的文采。观察天的文采,可以知道四季变更及其规律;观察人类的文采,可以推行教化以促成天下昌明。① 西汉以后,"文"和"化"连缀为一个词,如《说苑·指武》中有"圣人之治天下也,先文德而后武力。凡武之兴,为不服也。文化不改,然后加诛"。这里的"文化",

---

① 黄寿祺,张善文.周易译注[M].上海:上海古籍出版社,1989:189.

是与自然相对的"以文教化"的意思,即圣人治理天下,会先用文德治理天下,再用武力征服。但凡使用武力征服天下的,国民会不信服你,而先用文德加以教化却仍不改变的,就可以对其加以诛罚。

由此可见,中国古代的"文化"概念,更多强调的是"以文教化"的精神和人文的领域,而国外的"文化",则是对人类物质生产活动的解说开始,逐步过渡到精神范畴的。人们对文化的概念也形成了一个共识,即文化包括广义的文化和狭义的文化,广义的文化包括人类创造的物质财富和精神财富,而狭义的文化则只涉及人类创造的精神财富。

二、什么是中国文化

地域和民族是文化生长的土壤。任何一种文化都是发生并存在于特定的时空之中。中国文化是中华民族在中国这块土地上所创造的文化。因此,中国文化既包括汉族所创造的文化,也包括其他少数民族所创造的文化;既包括源远流长的传统文化,也包括近代文化和现代文化。

(一) 中国文化是在中国的土地上创造的

在古代,"中国"一词最初并不具有统一的国家实体的含义,而是一个地域概念,后来其内涵逐渐扩展,才最终形成了今天的概念。汉族前身是华夏族,居于黄河流域,因自认为居天下之中央,古称中国。最早的中国是指龙山时代晚期,黄河中游一带的夏人所居住的城市,夏人是最早的中国人。

后来随着朝代的更迭,华夏民族在其发展壮大的过程中,与周边少数民族彼此交往、相互融合,使得华夏族的范围不断扩大,逐渐形成华夏文化。历代版图虽时有损益,但总体发展趋势仍然是不断拓展的。至清朝,中国的疆域已扩展为"东极三姓所属库页岛,西极新疆疏勒,至于葱岭,北极外兴安岭,南极广东琼州之崖山"(《清史稿·地理志》)。新中国成立后,960余万平方公里的疆域最终得以确定。

(二)中国文化是由中华民族创造的

中华民族是对包括汉族在内的56个民族的总称。因此,中国文化不仅仅是指汉文化,也包括其他少数民族的文化。华夏文化在其漫长的发展历程中,也多次遭遇北方游牧民族的军事侵扰,如春秋以前的"南夷与北狄的交侵",十六国时期的"五胡乱华",宋元时期契丹、女真、蒙古人接连南下,明末满族入关。剽悍勇猛的游牧民族虽然在军事上占了上风,但在文化上却不得不向中原文化学习。中国文化长期以来以明显的先进性,多次"同化"以武力入主中原的北方游牧民族,显示出强大的生命力和延续力。当然在"同化"的同时,华夏文化也从游牧文化中吸取了新鲜养料,如游牧人的骑射技术,边疆地区的物产、技艺等,从而增添了生命活力。

中国文化在与外部世界的接触中,也将中国文化传播到域外,扩大了中国文化的影响。同时也吸纳了"中国"这一地域之外的文化,如佛教文化、阿拉伯文化、波斯文化、欧洲文化等,使得中国文化更加丰富、更具包容性。

（三）中国文化包括传统文化和现当代文化

中国文化，既包括产生于农业时代的传统文化，也包括1840年以来的现当代文化。本书所讲的中国传统文化，主要是指1840年以前的中国文化。

三、什么是中国传统文化

中国传统文化是指居住在中国地域内的中华民族所创造出来的一种民族文化，它历经几千年而汇聚成一个完整的体系，反映了民族特质和民族风貌，凝结了民族精神和民族气质，并且不断为中华民族世世代代所继承和发展。在历史演化过程中，中国传统文化的主体部分是产生在中原地区的汉文化，同时又融合了各个少数民族文化的精华。它的精神内核还是儒家思想，同时又辅以道家思想和佛家思想。因此，中国传统文化特色鲜明，内涵丰富，伦理道德深刻完备，哲学宗教睿智精深，典章制度卷帙浩繁，文学艺术异彩纷呈，语言文字内蕴深厚，科技工艺独具特色，是中华民族数千年文明的结晶。

中国传统文化，主要是指1840年鸦片战争之前的中国文化，大体上历经上古原始文化、殷商西周文化、春秋战国文化、秦汉文化、魏晋南北朝文化、隋唐文化、两宋文化、辽夏金元文化、明清文化等发展阶段。在漫长的历史进程中，中华各民族文化通过各种方式，互相渗透、互相融合，最终整合成丰富多彩的中国传统文化。几千年来，中国传统文化成功地保护和维系了中华民族的持续发展，成为世界上唯一从未中断过的文化，并长期处于世界领先地位。

第二节　中国传统文化的基本精神

中国传统文化在长期的发展过程中,能够得以传承而不中断,除了得益于人民群众广泛的社会实践和思想家们的概括提炼外,还得益于中国传统文化的基本精神这一内在动力。换言之,中国传统文化的基本精神就是传统文化现象中最精髓的内在动力,也是推动中国传统文化不断发展的基本思想。中国文化丰富多彩,博大精深,表现中国文化精神的思想是一个包含着诸多要素的思想体系,主要包括:天人合一的和谐精神、以人为本的人文精神、刚健有为的积极精神和有容乃大的包容精神。

一、天人合一的和谐精神

天人合一,是中国哲学最为重要的思想之一,几乎是儒、释、道各家学说都认同和主张的精神追求,是人类社会与自然世界之间的协调统一关系,是世界万物的自然规律。

中国古代的天人合一思想,强调人与自然的统一,人的行为与自然的协调,道德理性与自然理想的一致,充分显示了中国古代思想家对于主客体之间、主观能动性与客观规律性之间关系的辩证思考。也就是说,天与人、天道与人道、天性与人性是相类相通的,是可以达到统一的。

天人合一中的"天",其实是和自然之天、天命之天结合在一起的。后来人们认为自然之天和天命之天跟人都是密切相连的,因此就有了天人合一的概念。

在中国古代文化中,人跟自然之天合一的中心是"顺自然"。这个"自然",不是指自然界。我们现在讲的自然界,在中国传统文化中是用"天地万物"这个词表示的。在中国传统中,"自然"这个词的意思是指"本然",即万物原本的属性。所以,顺自然不是顺自然界,而是顺从一切事物的本来状态,顺从它的本性。这一点在道家的思想中表现得最为鲜明。道家思想一个鲜明的特点就是强调顺其自然。比如《道德经》里就有一句"辅万物之自然而不敢为",意思是我们只能按照万物的本性去发展,而不能随意改变它。《道德经》第二十五章有云:"人法地,地法天,天法道,道法自然。"说的也是人要效法、遵循万物本来的本性、规律。

在中国传统文化中,天人合一还有另外一层意思,就是人跟天命之天的合一,它的核心是"疾敬德"。"疾"是迅疾、赶快的意思,"疾敬德"就是说要赶快把提高自己的德性放在最重要的位置。这个观念起源于商末周初,是总结了夏商两代为政的经验教训后提出来的,最初出现在《尚书·召诰》中,为的是告诫周王,要周王牢牢记住夏、商亡国的教训,要注重提升自己的德性。天命并不是永恒的,就看你有没有德行,你有德就可以保持国运的长久,没有德行,那么你的国家就会灭亡。

其中讲的天命,也是一种祖先崇拜,认为自己的祖先会在上天监查子孙、保佑子孙。现在看来,天命并不是永远的。既然天命是无常的,它又怎么会来保护你呢?所以当时又提出来一个概念,叫作"皇天无亲,惟德是辅"。皇天这个"天",是不分亲疏的,只会辅助有德的人,就是看你有没有德,有德我就保护你,无德我就不保护你,不管你是不是我的子孙。

二、以人为本的人文精神

对于中国传统文化,如果从整体上来把握的话,人文精神可以说是最主要和最鲜明的一个特征。而人文精神的核心就是以人为本。"以人为本",就是指以人为考虑一切问题的根本,用中国传统方式来说,就是在天地人之间,肯定以人为中心。

早在西周时期,中国的典籍里就有"人为万物之最灵最贵者"这样一种思想。所谓"最灵",就是最有灵性的,"最贵"就是最重要的。人在万物中间是最重要的,《尚书·泰誓上》中就有这样的说法:"惟天地万物之母,惟人万物之灵。"天地是万物之母,而人则是万物之灵。

先秦儒家思想家荀子曾经把天地万物分成四类,"水火有气而无生,草木有生而无知,禽兽有知而无义,人有气有生有知,亦且有义,故最为天下贵也。"(《荀子·王制》)"水火有气而无生",就是说水火有气但没有生命,这是第一类。"草木有生而无知",就是说草木虽有生命,但它没有知识、没有智慧,这是第二类。第三类是禽兽,所谓"禽兽有知而无义",就是说禽兽有认知方面的功能,但是它不懂得义。这里的"无义"实际上指的是没有礼义,因为在中国古代讲禽兽和人的区别,主要指禽兽没有礼义廉耻所确立的伦常关系。如果说一个人违背了伦常,那就意味着他是禽兽,甚至禽兽不如。第四类就是人了,人"有气有生有知,亦且有义,故最为天下贵也",人是什么都具备了,既有气又有生,既有知又有义,所以是万物中最贵重的。荀子用比较的方法,从现象上说明了为什么天地万物中人是最贵的。①

不仅如此,在中国传统文化中,人还被认为是直接参与到天地的变化中去了。如果没有人参与的话,这个天地的万物也是无序的,所以天地跟人并称为天地人三才。关于天地人的功能,荀子曾讲:"天有其时,地有其材,人有其治。""天有其时",就是说天有四时的运行,春生夏长,秋收冬藏,万物在春天生长,在夏天成长,在秋天成熟,到了冬天就闭藏起来了。"地有其材",就是说地能提供各种各样的物品,使生命能够延续。"人有其治",就是说人参与到天地中间去治理万物,使得万物有一个秩序。之所以说人能治理万物,荀子认为关键就是人有礼义廉耻这样一种伦常关系。这种关系确定了人有各自不同的地位和分工,因此就形成一个有效的群体,发挥集体的力量支配万物、治理万物。这也说明,天地人这三者中间,人是最具有主动性和能动性的。

所以,中国传统文化重义轻利,轻视物质利益。依靠制度和习俗,坚持礼对人欲的约束,把人的道德情操的自我提升和超越放在了首位,注重人的伦理精神的养成,这一点正是中国人文精神的精华所在。

---

①楼宇烈. 中国的品格[M]. 成都:四川人民出版社,2014:45~46.

三、有容乃大的包容精神

中国传统文化历经数千年仍绵延不衰，其关键就在于它是中国各民族共同创造的，并吸收了国外优秀的文化。英国历史学家汤因比认为，在近 6000 年的人类历史上，出现过 26 个文明形态，有四大古文明，但是在全世界只有中国的文化体系是长期延续发展而从未中断过的。人类历史上多次出现过因异族入侵而导致文化断裂的悲剧。如印度文化因雅利安人入侵而雅利安化，埃及文化因亚历山大占领而希腊化、因凯撒占领而罗马化、因阿拉伯人移入而伊斯兰化，希腊、罗马文化因日耳曼族入侵而终绝并沉睡千年……

而中国传统文化不是故步自封、抱残守缺的，它有着兼收并蓄、有容乃大的包容精神。正是基于这一点，中国传统文化很好地学习其他各种文化的长处，并从中汲取积极的营养，开拓创新，不断丰富自己。中华民族以大地般狂放的胸襟承载万事万物，中国传统文化同样具有海纳百川的包容精神。

中国传统文化是以汉民族文化为主的，但在漫长的发展历程中，与其他少数民族文化产生了大量的对抗与交融，虽然发生了很多战争，但也发生了文化方面的融合。如春秋战国时期的分裂混战，汉朝的反击匈奴人，十六国时期的"五胡乱华"，唐朝的抗击突厥，宋朝与辽、金、西夏政权之间的争斗，明末乱政终使满族政权入主中原，都使得汉民族文化与少数民族的文化之间产生了极大的同化和融合。中国传统文化也因此增加了新的生命活力,扩展了文化的容量,发展为博采众家之长的优秀文化。

中国传统文化也吸收了国外的文化,如来自印度的佛教文化、来自阿拉伯、波斯的伊斯兰文化,以及西方文化中的自然科学等。自汉朝佛教传入中国后,佛教对我国文学、建筑、生活方式等诸多方面都产生了很大的影响。清末民初,出现了"西学东渐",大量的西方学术思想传入中国,对中国文化产生了很大冲击,同时也引起中国文化反观自己进行反省。面对不断涌入的西方文化,中国思想家并没有选择拒绝和逃避,而是批判性地接受和学习,并掀起了以"中学为体,西学为用"为指导思想的洋务运动,最终促成了中国近代化的开端。中国文化也正是由于这种强大的包容精神,才立于世界民族之林得以延续至今。

四、刚健有为的积极精神

刚健有为作为中国传统文化的基本精神之一,是人们处理天人关系和各种人际关系的总原则,是中国人的积极人生态度最集中的理论概括和价值提炼。

刚健有为也称"刚健自强"。刚,指刚硬、坚强;健,指刚强、有力;有为,指积极入世、不断进取。"刚健有为"意为坚强有力、坚韧不拔、积极进取、自强不息的精神。

先秦时期,儒家就提出刚健有为的思想。刚健是一种重要的品质,孔子认为,有志有德之人,既要刚毅,又要有历史责任感和时代使命感。孔子重视"刚"的品德,他说:"刚毅木讷近仁。"刚毅即是具有坚定性。《周易·乾卦》之《象》云:"天行健,君子以自强不息。""乾"象征天,"天行"即日月星辰的运行。日月星辰运行不已,从不间断,称之曰"健",亦曰刚健。人应效法天之运行不已而自强不息。自强即是努力向上、积极进取。儒家重视"不息",强调不懈的努力,这是有积极意义的。

刚健有为、自强不息的精神,凝聚、增强了民族的向心力,培育了中华民族的自立精神和反抗压迫的精神,以及不断学习、不断前进的精神。历史上,由于游牧民族或者国外势力侵略,中华民族曾经多次到了生死存亡的时刻,就因为刚健有为、自强不息的精神,支撑着中华儿女不畏强暴、浴血奋战,保住了中华民族的血脉,使中华民族至今立于世界民族之林。

第三节　中国传统文化的形成

中国传统文化延绵不断,传承至今已有五千多年,其间经历了无数次的战争和朝代更迭,但从未停止过前进的步伐。这与其形成过程中与自然、经济和政治等方面因素的影响是密不可分的。

一、地理环境

地理环境,指为人类提供文化生活的物质资源和活动场所的系统,它是人类赖以生存和发展的物质基础,同时也是人类产生意识或精神的基础。任何文化的生成与发展,总是在一定的地理环境下实现的,不同的地理环境是不同文化类型出现和不同文化特征形成的深厚物质基础。

地理环境包括自然地理环境和人文地理环境。自然地理环境,一般指气候、地形、地貌、水文、植被、海陆分布等,人文地理环境一般指疆域、政区、民族、人口、文化、城市、交通、农业等方面。这两方面相互作用,不能分开。地理环境是一个历史概念,这里所阐述的地理环境,是就曾经影响文化发生发展的比较稳定的地理概括而言,当然地理环境本身并不是文化,而是文化赖以产生的基石,对文化的发生、发展具有一定物质上的制约力。

（一）中国地理环境的特点

1. 相对独立封闭

中国地处亚欧大陆东端、太平洋西岸,周边有天然阻隔、相对封闭。中国西部是帕米尔高原,它向四方伸延出几条大山脉,把亚洲分为东亚、西亚、南亚和北亚。这里高山峻岭,山路崎岖,虽有一线可通,在古代却是一般人难以逾越的;中国西南有世界上海拔最高的山脉——喜马拉雅山,它是中国与印度、尼泊尔、不丹、巴勒斯坦等国的天然国界,西南的横断山脉以及江河、热带丛林,也是中国与南亚、东南亚的天然阻隔;中国北部是广袤无垠的大草原、戈壁和沙漠,地势起伏不大,但因太过严寒古代几无外界交往;中国东部及东南是广阔的海岸线。虽然有海上丝绸之路,但中华民族并不热衷于海洋探险,自从郑和下西洋以后,很少有征服海洋的壮举,甚至明清曾推行"海禁"的政策。这样就形成了一个相对封闭的地理环境,导致中国文化与外部世界构成了相对隔绝的状态。

2. 地势西高东低

中国地形复杂,地势西高东低,自西向东呈现出三级阶梯状地貌。第一阶梯是我国西南部的青藏高原,平均海拔4000米以上,号称"世界屋脊";第二阶梯是以青藏高原以北的昆仑山脉、祁连山脉和以东的横断山脉为界,平均海拔1000—2000米,内蒙古高原、黄土高原、云贵高原、塔里木盆地、准噶尔盆地、四川盆地相间分布,地形复杂多样;第三阶梯是北起大兴安岭,中经太行山,南至巫山、云贵高原东侧一线以东的中国东部地区,海拔500米至1000米甚至以下,自北向南分布着东北平原、华北平原、长江中下游平原,平原的边缘镶嵌着低山和丘陵。再向东为中国大陆架浅海区,水深大都不足200米。

3. 季风气候显著

中国幅员辽阔,跨纬度较广,距海远近差距较大,加之地势高低不同,地形类型及山脉走向多样,因而形成了多种多样的气候。从气候类型上看,东部属季风气候,西北部属温带大陆性气候,青藏高原属高寒气候。从温度带划分看,从东南到西北有热带、亚热带、暖温带、中温带、寒温带渐次递变。从干湿地区划分看,有湿润地区、半湿润地区、半干旱地区、干旱地区之分。

中国季风气候显著,具有夏季高温多雨、冬季寒冷少雨、高温期与多雨期一致的季风气候特征,各地干湿冷暖差别很大。由于中国位于世界最大的大陆——亚欧大陆东部,又在世界最大的大洋——太平洋西岸,西南距印度洋也较近,因之气候受大陆、大洋的影响非常显著。冬季盛行从大陆吹向海洋的偏北风,夏季盛行从海洋吹向陆地的偏南风。冬季风产生于亚洲内陆,性质寒冷、干燥,在其影响下,中国大部分地区冬季普遍降水少,气温低,北方更为突出。夏季风来自东南面的太平洋和西南面的印度洋,性质温暖、湿润,在其影响下,降水普遍增多,雨热同季。中国受冬、夏季风交替影响的地区广,是世界上季风最典型、季风气候最显著的地区。

4.气候条件的优势

由于中国复杂多样的气候,世界上大多数农作物和动植物都能在中国找到适宜生长的地方,中国农作物与动植物资源都非常丰富。

(二)地理环境对中国文化的影响

中华民族所处地理环境,对中国传统文化的产生和发展具有深远的影响:优越的地理环境,形成了以农耕文明为主的民族文化性格;复杂的地理环境,形成了具有多样性和包容性的传统文化;完整而广阔的地理环境,形成了从未中断、具有连续性的传统文化;相对封闭的地理环境,形成了相对独立又具有封闭性和保守型的传统文化。[①]

1.对中国传统文化多样性的影响

中国的地形复杂多变,从西至东,有高耸入云的喜马拉雅山脉、密布喀斯特地貌的云贵高原,也有群山环绕的四川盆地和“鱼

---

①高利水,赵美红.中华传统文化(慕课版)[M].北京:人民邮电出版社,2017:15.

米之乡"的江淮平原,这些复杂的地形地貌,形成了不同的经济形态,也形成了不同的民风民俗,从而也形成了多样的传统文化。如在北方的广大草原地区,形成的是以游牧民族为主的草原文化,在中原地区形成的是以耕作为主的农耕文化,在青藏高原形成的是以藏传佛教文化为主的藏族文化,都和地理环境有着必不可分的关系。又如以地域区分的以河南为中心的中原文化,以山西为中心的三晋文化,以两湖为中心的荆楚文化,以山东为中心的齐鲁文化,以陕西为中心的关中文化,以江浙为中心的江南文化,以福建为中心的闽南文化等等,都具有地方鲜明特色。中国的自然环境为传统文化的产生、发展、交流与融合提供了物质基础,也使得中华文化丰富多彩。

2. 对中国传统文化连续性的影响

中国广阔的疆域和众多的民族,为中国传统文化的延续奠定了坚实的基础。与同时期的世界文明古国相比,中国疆域之辽阔是较为罕见的。古代中国曾有"九州"之称,包括冀州、兖州、青州、徐州、扬州、荆州、豫州、凉州和雍州,其面积达 300 万平方千米,是华夏民族活动的重要区域。其中中国文明发祥地之一的黄河流域,其面积达 80 万平方公里,长江流域面积达 180 万平方公里,再加上其他地区,广大的区域形成了巨大文化规模,产生巨大文化吸附力、同化能力和抗风险能力,为中国文化的传播与延续提供了充足的空间。

在中国历史上,有八大古都,包括西安、洛阳、开封、南京、安阳、郑州、杭州、北京。这些古都一般都是当时整个国家人口最多、经济最繁华的城市。伴随这些名城古都的迁移，人口和文化也随之发生迁移，中华文化因而得以在广阔的疆域内传播延续。由于这些迁移，中国文化也呈现出一种东方衰败西方盛、北方低谷南方旺的状态。同时也因疆域辽阔，民族、人口众多，回旋余地多，发展空间大，中国文化才得以在漫长的历史中延续不断。历史上即使有游牧民族多次南侵，分裂与统一是中国历史的两大现象，但统一总是占主导倾向。天下一家的大一统意识，对中华民族的不断发展壮大有重要作用。中国传统文化在对周边外来文化进行潜移默化中，始终保持着自己完整的风格和日趋完善的系统，长期延绵不绝。

3. 对中国传统文化独立性的影响

从地理环境看，我国东临广袤无垠的太平洋，西倚世界屋脊青藏高原，南面是险峻的横断山脉和布满山地丘陵的岭南地区，北面是茫茫戈壁和广阔无垠的大草原，这样独特的地理环境，形成一个与外部世界半隔绝的状态，使得中国早期的经济和文化长期处于自给自足的状态，最终形成了中国传统文化独立性和封闭性特点。

在生产力低、交通运输工具落后的时代，地理障碍对人类活动的影响比现在要大得多。后来虽然开通了丝绸之路，中国逐渐打开国门，中欧人开始参与贸易，但往返于丝绸之路的更多的是中亚、阿拉伯的商人，中国人相对比较少。对于当时早已开辟的海上航道,除了郑和下西洋之外,中国的统治者也根本不加以利用,相反却屡屡采取"海禁"政策。由于疆域的相对封闭性,在很长的历史时期内,中国与境外的其他文化几乎没有发生交汇,因而中国文化基本上是独立形成和发展的,具有很大的独立性,最终形成了一种有别于西方文化的独特的东方文化。

长久以来,由于中国传统文化在总体水平上明显高于周边地区,这使中国人形成了以自我为中心的观念,认为周边都是荒僻野蛮的地区,久而久之,这种观念就形成了一种"世界中心"意识,并认为自己的国家是"天朝上国",而将周边众多国家称为"蛮夷之邦",并且认为他们理应对中国如众星捧月般。直到16世纪,当西欧各国率先迈入近代文明社会时,中国的文化模式仍然没有改变,依旧闭关锁国,最终导致中国文化逐渐落后于西方。当西方列强的坚船利炮打开中国的大门时,古老的中国已难以抵挡。

新中国成立后,中国也走上了改革开放的道路,经济、文化都取得了飞速发展。中国打开了国门,焕发了新姿。随着社会的发展和科技的进步,今天的中国重新为世界所瞩目,古老的华夏文明再一次焕发出夺目的光彩。

二、经济基础

中国传统文化的形成、发展与中国的经济形式密不可分。世界上传统的经济大致分为农耕经济、游牧经济和商业经济三类,中国传统的经济是农业经济占主导地位。纵观中国古代农业生产,可以看出如下特点：一是成就突出，起步早、水平高、发展稳定且从未中断；二是一家一户、分散经营的小农经济是中国古代农业生产的主要形式；三是精耕细作，农桑结合，粮棉结合，集约化程度高。[①]

（一）农耕经济的起源

我国是世界上最早经营农业的国度之一，同时也是世界农业文明中心之一。早在新石器时代初期已经出现了原始农业，但当时农业在经济生活中还不占主要地位，狩猎仍然是食物的主要来源。随着人口的不断增多，可供猎取的禽兽却越来越少，不能满足人们的生存需求，必须生产出更多的粮食才能生活发展下去，这样出现了农业生产。

关于我国农业的起源，史籍中有许多说法，有的说是神农氏发明了农业，有的说是烈山氏，有的说是炎帝之子柱，有的说是周人始祖弃，而司马迁则说农业为黄帝发明。目前根据考古发掘证明，至少在距今一万年前新石器到来之际中国就出现了农业，并不是某一两个英雄人物的功劳。大致说来黄河中下游一带的远古居民是粟、黍等旱地农作物种植的发明者，而"稻"这种水田作物种植的发明者是长江中下游一带的远古居民。在距今四五千年的黄河中下游地区，又有相当发达的原始农业。在此基础上，中华大地才产生了最早的奴隶制农业经济和最初的民族国家，这就是所谓的"禹稷躬稼游天下"。

---

①卢忠萍，李根寿，郑文清.中国传统文化立体化教程［M］.沈阳：辽宁大学出版社，2015.

（二）农耕经济的发展

到了五六千年前，黄河流域的原始农业进一步发展，黄河中下游人口持续繁衍，逐渐成为中原经济文化的中心。夏、商、周王朝相继在这里建立了强盛的国家。夏、商、周属奴隶制时代，历时1800多年。这个时期的农业比原始农业有了一定的进步，但仍处于粗放农业阶段。到春秋战国时期实现了一次较大的飞跃，主要表现在铁制农具的广泛使用、牛耕的推广、水利工程的大量兴修、耕地的大量开垦等方面。秦汉时期，由于以铁犁为代表的生产工具的改进，大大提高了生产效率和生产效益，促使农耕区向西北方向扩展，江淮之间、关中地区出现了大大小小的灌溉区。魏晋南北朝时期，由于北方战乱，大批人口南迁，南方农业水平迅速提高，长江以南、五岭以北的广大地区以及巴蜀一带，逐渐成为我国重要的农业区。隋唐时期，中国农业经济中心开始移向长江流域，长江中下游地区成为中央政府的主要财政来源地。宋元明清各代，中国的农耕和蚕丝重心一直在南方，南方粮草通过大运河源源不断运往北方。唐宋以来，筒车、曲辕犁、套种、育种、施肥、梯田、园艺、农业书籍等工具、农艺或技术等远远走在世界的前列，玉米、棉花、花生、番薯等经济作物和高产作物不断地从世界各地引进。

（三）农耕经济对中国传统文化的影响

由于中国古代社会经济中，农耕经济一直占据主导地位，因而，中国传统文化的基本模式、特点等，也受到这种经济环境的影响，这种影响主要体现在以下四个方面。

1.形成了勤劳务实的民族性格

中国农业崇尚"一分耕耘一分收获",因而养成了中国人民勤劳务实的精神和民族性格,重实际而轻幻想。中国古代贤哲一向提倡"君子务实",朴实勤劳、埋头苦干一直是我们民族的优良传统,人们喜欢脚踏实地、兢兢业业的人,厌恶浮夸取巧、投机务虚。另一方面,这种偏重实惠与眼前利益的民族性格,容易自我满足,缺乏想象力和竞争意识,限制了生产以及科学技术的发展。人们在生产实践中急功近利,追求即时收效,就是这种"吹糠见米"的小农意识,阻碍了早期中国自然科学的发展。中国古代基于实用的农学、天文学、医学等学科十分发达,而纯科学性的思考、不以实用为目的的探索自然奥秘的文化科技极少,即使有也不会受到社会的重视。

2.形成了安土重迁的传统习俗

安土重迁的意思是留恋故土,不愿轻易迁移。土,指乡土;重,指看得重,不轻易。在中国古代,人们的乡土观念十分浓厚,只有遇到严重的天灾人祸,在本地实在没有活路了,人们才会背井离乡,骨肉分离。否则只要有一丝希望,人们还是会留在故土。留恋故乡是所有人共同的情感,亦是人之本性的心理诉求。在当代社会中"安土重迁"的思想,依然在社会稳定、经济发展中起着重要的作用。

农业生产与定居密切相连,田地不会动,家就轻易不会迁移。农业民族为适应农耕的需要,起居有定,耕作有时。中国古代农民往往与外界很少联系,人们生活基本上是依赖于土地,有的世世代代在一个地方过着半封闭的生活,于是就有对土地的眷恋,爱故土,重乡情,远离故土的人就是游子,总是对故乡怀有深深的依恋之情。这种生活方式与赶草放牧的游牧民族,以及漂泊天涯、四海为家的商业民族显然不同。中国农民习惯于依附自己的一亩三分地,日复一日、年复一年、周而复始地春耕、夏作、秋收、冬藏,只希望风调雨顺,追求生活的稳定和安逸,不易产生创新与改变现状的欲望。

3.形成重农抑商的固化思想

中国古代的"四民",即士、农、工、商,其中"农"排在第二仅次于第一位的"士"。战国时期的商鞅说"国之所以兴者,农战也"(《商君书·农战》),他认为一个国家兴盛的原因,就是农业和战争。管子也说:"民事农则田垦,田垦则粟多,粟多则国富,国富者兵强,兵强者则战胜,战胜者地广"(《管子·治国》),意思是说,老百姓从事农业生产,荒地就能得到开垦;荒地开垦了,粮食就会增多;粮食多了,国家就会富裕;国家富裕了,军队就强大了;军队强大了,战争就能胜利;战争胜利了土地就能更广大。可见,在中国古代社会中,无论是在百姓心中,还是政治家的眼中,重农习俗早已为大家所认同。

虽然在中国奴隶社会的城邑中就有商品交易,进入封建社会商业进一步发展,明清时期出现了资本主义萌芽,但传统农业经济仍占主导地位的中国,在宏观上主要强调"以农为本""重农抑商",从而扼杀了商品经济以及资本主义经济发展,阻碍了中国社会经济的发展。

4. 形成了和谐稳定的思想观念

农耕民族固守家园、和平相处的观念,产生了防守自卫、不善侵占的民族心理,使得"四夷宾服""协和万邦"成为国家和民族追求的目标。这一民族心理对维护封建社会的长期稳定起到了关键性的作用,也使中国文化形成了追求和谐、保守稳定的观念。

由农耕经济形成的和谐稳定观念,始于孔子的"礼之用,和为贵"。其后得到道家、佛家等各家学说的认同,"和谐"成为中国人追求的至高目标。古人还将和谐观念用到家庭、社会乃至整个国家,因而,在这样的环境中创造的文化,也是一种和谐的文化。

三、政治制度

中国作为一个有五千年文明史的统一的多民族国家,从国家诞生起,其政治制度体系之完备、经验之丰富、影响之深远,都是世界上其他任何一个国家或民族无法相比的。在中国古代,产生了两种重要的政治制度,即以血缘关系为纽带的宗法制度和君主专制中央集权的官僚政治体制。这两种制度对中国的政治、文化产生了巨大的影响。

(一)宗法制度

宗法制度是中国古代维护贵族世袭的一种制度。这种制度产生于夏朝,发展于商朝,完备于周朝,对后世各封建王朝都有重要影响。

宗法制度起源于父系氏族公社的家长制。父系氏族公社后期,父系家长支配者家族内部的所有财产及成员,具有很高的权威,他死后,其权力和财产需要有人继承,于是订立了继承秩序。夏、商两代仍保持氏族制的形式,各级氏族组织也是各级行政组织,首领即是行政长官,整个国家则是以有夏氏或商族为统治者的部族大联盟。但商朝王位继承非常杂乱,兄死弟及,父死子继,弟死反政于兄子等各种情况都存在。

可以确定的是,在周朝已经存在宗法制和封建制。所谓宗法,就是中国古代社会规定嫡、庶系统的法则。宗法制度是一种以血缘关系为基础、尊崇共同祖先以维系亲情,并且由此区分尊卑长幼、确定继承秩序以及家族成员各自权利和义务的法则与制度。嫡长子继承王位,为了解除其他人对嫡长子继承权构成的威胁,必须将他从王室中分出去,另立为宗,这就形成了以嫡长子系为大宗,以别子系为小宗,小宗服从大宗的宗法制度,是谓"宗法制"。分宗时也为其他诸子授土授民,即封邦建国,一方面使他们分享王室的部分权力,又可以使周王朝大部分疆土掌握在兄弟、同姓手中,这就是"封建制"。实行分宗和分封的结果是在周朝内部形成许多诸侯国;各诸侯国又一次分宗和分封,在各诸侯国内又形成了许多大夫之"家";大夫之"家"虽然不再裂土分封,但还是要分宗的。这样,就形成了王、诸侯、卿大夫、士之类的等级,形成了一个系统完整的制度。

随着嫡长子继承制、分封制、宗庙祭祀制的确立,中国传统社会的基本模式得以形成。中国的这种社会制度可称为"家国同构",也是宗法社会最鲜明的结构特征。在这种制度下,人们通过家族来理解国家,如孟子言:"天下之本在国,国之本在家,家之本在身"，还有《礼记·大学》中讲"修身齐家治国平天下"，家国是一体的。国家则是家族的扩大和延伸，家是小国，国是大家，因而"国"与"家"彼此联通。因为"家国同构"的结构特征，产生了"忠孝相通"，父为"家君"、君为"国父"的说法也由此而来。

（二）封建专制主义中央集权制度

封建专制主义中央集权制度是我国封建社会的基本政治制度，是指由君主掌握最高权力，并通过军政官僚机关管理、控制国家的政体。在内容上主要包括皇帝制、官僚政治和中央集权等。皇权更加至尊，臣民更加卑微，成为封建专制主义中央集权制度的总趋势。[①]

中国古代专制主义中央集权制度大致经历了以下几个发展阶段：①战国时期，封建经济的发展、新兴地主阶级力量的增加、国家局部统一局面的出现，为中央集权制度的形成提供了有力的社会条件。韩非子和商鞅分别在理论上和实践上促进了我国古代封建君主专制中央集权体制的形成。②秦朝统一中国后，秦始皇吸纳商鞅变法的成果，并实践了韩非子的法家理论，创立了专制主义中央集权制度。其内容包括：中央百官的控制、对地方各级官吏和百姓的控制，统一度量衡、货币和文字，加强思想控制。③西汉建立初年，由于郡国并行制，引发内乱。以此为鉴，汉武帝后来采纳了董仲舒的"罢黜百家，独尊儒术"建议，将儒家思想改造为适应封建

①卢忠萍，李根寿，郑文清.中国传统文化立体化教程［M］.辽宁：辽宁大学出版社，2015.

专制主义中央集权制度的指导思想,加强了中央对地方的直接统治,专制主义中央集权的制度也得以巩固。④隋唐实行三省六部制,把原属于丞相的权利分散于三省六部,使封建官僚机构形成完整严密的体系,削弱了相权,加强了皇权。⑤北宋吸取唐末藩镇割据的教训,进一步集中行政权、财权和司法权,解除朝中大将和地方节度使的兵权,铲除封建藩镇割据的基础,皇帝掌握了从中央到地方的军事、行政、财政和司法等大权,加强了中央集权制度。⑥元朝实现了全国性的大统一,为了加强封建统治和对辽阔疆域的管辖,统治者采取了许多新的措施,健全中央官制,地方则实行行省制度,巩固了国家的政权,同时也是加强中央集权的新举措,是对中央集权制度的新发展。⑦明朝时期,统治者在中央实行"废丞相,权分六部"的政策,结束了秦朝以来的宰相制度;在地方废行省,设三司,改大都督府为五军都督府,分离统兵权和调兵权,进一步削弱地方势力。⑧清朝时期,统治者沿用明制,后又增设军机处,强化专制主义中央集权,使我国封建专制主义中央集权制度发展到顶峰。⑨辛亥革命推翻了清朝统治,结束了统治中国两千多年的封建君主专制制度。

封建专制主义中央集权制度促进了统一多民族国家的形成和发展,为国家统一、民族融合、古代社会经济的发展创造了有利条件。一方面,封建专制主义中央集权制度促使中国产生了高于同一时期世界上其他国家的优秀文化;另一方面,对人民的严格控制,也在一定程度上限制了中国政治、经济、文化等方面的自由发展。

（三）古代社会政治制度对传统文化的影响

由于宗法制度和封建专制主义中央集权制度的影响,中国传统文化带有明显的伦理特征和政治化倾向。

1. 形成了传统文化的伦理特征

传统文化的伦理特征,首先表现在浓厚的"孝亲"情感上。天地君亲师成为人们长久以来祭拜的对象,其所表达的正是民众对天地的感恩、对君师的尊重和对长辈的孝敬之情。国学大师钱穆先生说过:"天地君亲师五字,始见于荀子书中。此下两千年,五字深入人心,常挂口头。其在中国文化、中国人生中之意义价值之重大,自可想象。"可见,在传统文化的伦理特征中,民众对祖先、长辈的孝道与宗法制度不无关系。

在宗法制度下,作为宗族首领,宗子拥有高于普通族人的地位。到了封建专制主义时期,皇权至上原则得到确立,在思想上实行"罢黜百家,独尊儒术",而儒家思想中的"忠孝"是五常之一。孔子在《论语》中强调,无论父母生前或死后,都要按照礼的规定来行孝道。孔子把"三年之丧"的传统礼制,视为亲子之爱的生活情理。这样,就将原来僵硬的规定,升华为生活的自觉理念,使伦理道德规范与人的内心需求融为一体。而伦理道德规范不再是完全强制性的,而是理性与情感的统一,具有很强的实践性。

无论是在宗法制度下,还是在封建专制主义制度下,古人都将孝道视为做人的根本道德表现,这对他们的日常生活,以及传统文化的塑造,都产生了重要的影响。

2. 形成了传统文化的政治化倾向

在古代封建专制主义制度下，统治者之所以会选择儒家思想作为政治统治工具，其中一个重要原因就在于儒家思想关注的是社会的、人伦的，是全面而积极的入世思想。

孔子作为儒家思想的创始人，主要思想就是要恢复西周初的礼制。他所生活的鲁国，原是周公的封地，周公因需主持西周朝务就派长子伯禽代父到鲁国执政，而西周的礼制主要是由周公所制。所以鲁国是受到西周宗法礼制影响较深的诸侯国。应该说孔子从小就受周礼熏陶，深知其规制。孔子的最高理想就是建立一个"天下为公"的大同社会。这样的社会，"选贤与能，讲信修睦"，"人不独亲其亲，不独子其子，使老有所终，壮有所用，幼有所长，鳏寡孤独废疾者皆有所养"。他认为要建立这样的社会，就应该"为政以德，譬如北辰，居其所而众星拱之"，即采用"德治"或"礼治"是治理国家的最好方法。他认为社会就是君君臣臣，父父子子，是有等级的，每个人都要谨安其位，维护社会的稳定。这种制度，严格了社会等级制，将统治者与被统治者划分为两个截然不同的群体，从而使统治者自觉服从君主专制制度。同时也衍生了国人浓厚的服从心理，而传统文化也表现出极大的政治化倾向，古代文学中也体现了为政治教化服务的观点。

第四节　老年人学习中国传统文化的意义

人的全面发展是人一生的需要和追求。老年作为人生的一个阶段,也要通过不断的学习,体验和享受高品质生活,实现生命的超越和人生价值的自我实现。老年人没有了繁忙的工作,有充足的时间可以从学习中获得人生的进步和提高,学习知识与技能,服务社会,成就自我。老年人应该树立"学习即生活"的理念。学习生活化,生活学习化,应该是老年人生活的一个良好状态。

中华优秀传统文化源远流长、博大精深,包含着丰富的哲学思想、道德情操、价值观念、审美品格、艺术情趣、辩证思维和科学智慧,积淀着中华民族最深沉的精神追求,代表着中华民族独特的精神标识,形成了中国人的思维方式和行为方式。作为每一个中国人都应该学好并传承中华优秀传统文化,而老年人对中国传统文化更有学习兴趣。中国传统文化注重道德品质,提倡修身养性,总的来说不太重视竞争,不追求速度和技术,相对而言是一种"慢"文化,这与老年人的价值需求、身心特点、生活态度非常契合。由于特定的生活背景、人生阅历、怀旧及寻根心理的影响,老年群体普遍对传统文化的价值认同度较高,更容易接受历经沉淀的传统文化。多样化的中国文化形态又为老年人学习提供了资源,中国哲学、中国文学、中国艺术、中医药等,为老年人的生活增添了丰富的内容,满足老年人的多种需求。所以,学习和弘扬中国传统文化,对老年人具有重要意义。

一、有助于把握中华民族精神，增强文化自信

中国传统文化是中华民族文化的灵魂与生命力的来源，对当代的发展也有着不可估量的价值。构建文化强国，提升国家文化软实力需要传统文化的支撑。当全国人民乃至世界上其他国家的人民都认同本国文化才能够成为文化强国。当代中国人正面临着建设中国特色社会主义，实现中华民族伟大复兴这一历史使命。所以，作为老年人也应该学习、传播中国传统文化，把握中华民族精神，增强中国文化的自豪感和自信心，自觉为实现中华民族伟大复兴的中国梦做出应有贡献。

二、有助于修身养德，提高人生境界

道德礼仪是中国传统文化的基础和中心，也是中国传统文化的善恶标准和行为准则。中国传统文化的道德观念是建立在善的基础上的，一切善的行为都符合中国传统文化的道德标准，一切恶的行为都是中国传统文化所摒弃的。中国传统文化的道德标准是惩恶扬善、和谐有序的。中国传统文化重视礼仪规范形成了较为完善的礼仪体系，这些礼仪体系在今天依然对中国人的礼仪具有重要影响。中国传统文化无论是儒家思想还是道家思想都重视人的精神境界的提高，把达到最高人生精神境界视为最高目标。而中国传统文化所追求的精神境界，并不是对个人财富和社会地位等的追求，而是对怎样实现社会和谐以及自然和谐的追求，是兼济

天下的忧国忧民的情怀。老年人学习中国传统文化,对不断完善自己的道德修养、提升人生境界、活出生命质量有重要作用。

三、有助于传承和弘扬传统文化

中国传统文化是中华民族几千年在历史活动中积累、沉淀下来的物质和精神财富的总和,是人类文明的精华。传统文化所蕴含着中国人的思维方式、价值观念、行为准则。老年人阅历丰富,经历了更多的历史事件和生活磨砺,体验了更多人生的酸甜苦辣,能够体悟人生的道理和规律,更能深刻理解中国传统文化的精粹。所以老年人在传承和弘扬中国传统文化方面具有先天的优越性。老年人结合自己的体验和经历,传承仁义礼智信的道德观念、自强不息的进取精神、天人合一的宇宙观、道法自然的生命规律、有容乃大的包容精神、孝敬父母的良好习惯等,对传承中华优秀传统文化具有不可替代的作用。

四、有助于树立健康的养生观,形成豁达的生命观

老年,是人生最后的一个阶段,更加接近死亡是客观的事实,而如何高质量地过好人生的最后这一阶段,是人生的一个课题,更是老年人的必修课。对待生死的态度也是中华民族文化心理的特质表现。养生,是以后天之养使人寿尽天年。珍爱生命颐养天年,从而寿终正寝,这是表现一种回归自然、洒脱的人生态度。自我修心养性、调节心理状况和精神境界、以求身心的和谐是养生的重要

观念。当代老年人有提高物质生活的条件,养成一个良好的生活习惯,合理搭配营养,适当体育锻炼;在面对生命的终结时,理性豁达,不贪恋生,不回避死,不做过度无效的治疗,安宁而有尊严地离开人世,是需要每个老年人应该学习修炼的。因此,道家哲学的生死观更值得当代老年人推崇。庄子有"夫大块载我以形,劳我以生,佚我以老,息我以死。故善吾生者,乃所以善吾死也"。生我是善,死也是善。人生在宇宙中是大生命与小生命、大寓于小、小寓于大的关系,小生命最后融于大生命中。

思考与拓展

1. 结合生活实际,谈谈你对中国传统文化的看法,并对如何学习中国传统文化提出自己的建议。

2. 中国传统文化的基本精神是什么? 谈谈你的认识。

3. 中国传统文化的形成与哪些因素有关?

4. 结合自己的实际,谈谈学习中国传统文化对你的生活有哪些益处。

第二章
中国传统哲学文化

　　哲学是一门关于世界观、宇宙观的学问,是人们对世界的基本认知。中国古代哲学是中国传统文化的精髓,凝聚了中国文化的根本精神,是中国文化的核心内容,在中国文化系统中起着主导作用。中国传统文学、艺术、教育、科学、宗教、风俗等,莫不受哲学思想的引导和影响。要深入了解、把握中国文化的精髓,不能不了解中国传统哲学。

第一节　儒家哲学文化

　　儒家哲学是中国哲学文化的主干。儒家哲学思想,自汉武帝推行"罢黜百家,独尊儒术"的政策后,便一直占据着中国思想文化的统治地位,其基本精神贯穿于此后的历史长河,对整个中国文化思想、意识形态、风俗习惯都产生了极其重要的影响,儒学几乎成了中国文化的代名词。

一、儒家哲学的基本观念

儒家历经不同时期,形成了不同的理论形态,构成了一个极为丰富而庞杂的思想文化体系,其哲学思想又有着共同的属性和一贯的道统,其最核心的基本观念,在孔子思想中便已形成。概括起来,主要包括以下几个方面。

(一)贵仁

"仁",是儒家学派道德规范的最高原则,也是孔子思想体系的理论核心。据统计,"仁"字出现在《论语》20 篇中的 16 篇,出现的次数共计 110 次之多。《说文》对"仁"的解释:"仁,亲也。从人从二。"本义是对人友善、相亲,是指人与人的一种亲善关系,在此基础上,孔子把"仁"进一步作为伦理道德的最高范畴,是修养的理想境界和最高标准。

孔子将"仁"定义为:仁者"爱人"。爱人是"仁"的核心内容。首先,这种爱是从"亲亲"开始的,也就是从爱自己的亲人,所以孝悌是仁的根本,"孝悌"在孔子的仁学中有着非常重要的地位。在家培养孝悌品德,到社会迁移"孝"作"忠",以事父母之心事君上,由孝子变为忠臣。从孝亲始,至忠君止,从而使封建社会得以长治久安。其次,这是一种博大的爱,是广泛地爱他人,即"泛爱众,而亲人"。对他人的爱,主要表现为"忠恕"。"忠",含有真心诚意、积极为人之意,包含"己欲立而立人,己欲达则达人"(《论语·雍也》)等一系列道德要求,以及由己及人,由父子及于君主以至于整个社会、国家的道德范畴；是一种以他人为重、以社会为重的人生观。所谓"恕"，是相对于不容易做到有利于别人的"忠"而言的，它的起码要求是做到不要有害于人，即孔子强调的"己所不欲勿施于人"（《论语·颜渊》）。尽己之谓忠，推己之谓恕。"忠"与"恕"的结合就是为人之道，也是认知本身。实现了忠恕之道，也就实现了对他人的爱。

（二）尊礼

"礼"是中国奴隶社会的典章制度，奴隶社会及封建社会的道德规范。作为典章制度，它是奴隶社会政治制度的体现，是维护宗法和等级制度以及与之相适应的人与人交往中的礼节仪式。作为道德规范，它是奴隶主贵族及封建地主阶级一切行为的准则。

"礼"是儒家政治哲学的核心。儒家认为，春秋时代的社会纷争，正是由于人欲横流、名分混乱造成的。而要改变这一社会问题，唯一途径就是恢复周礼，用周礼来约束人们的言行："非礼勿视，非礼勿听，非礼勿言，非礼勿动。"（《论语·颜渊》）强调"正名"，就是明确礼制等级的名称和名分，严格遵守"君君、臣臣、父父、子子"的等级秩序，使人人明白自己在社会中的位置，控制自己的"欲"，行为符合"名分"，从而各就其位，消除纷争。

孔子说"克己复礼为仁"。颜渊问仁，子曰："克己复礼为仁。一日克己复礼，天下归仁焉。"（《论语·颜渊》）意思是约束自己而尊礼的规定就是仁。"克己复礼为仁"体现了"礼"与"仁"二者的关系。"克己"与"复礼"既是"仁"的政治内容，又是达到"仁"的方法和途径。"克己"就是克制自己的欲求,通过人提高道德修养,使一切言行符合"礼"的要求,以达到恢复周礼的政治目的。"复礼"就是恢复周礼,让社会回到西周时的盛世。可见,"礼"作为实现"仁"的政治保证,既是社会伦理原则,又是社会政治原则。即保证每个人都必须遵守伦理道德规范,以保证人与人之间的关系的协调以及整个社会秩序的稳定。

儒家的尊礼思想,一方面有利于协调个体与社会的关系,有利于整个社会的和谐稳定,另一方面其严格的等级制度,也极大地限制了个体的主观能动性和创造精神。

(三)重教

要达到"克己复礼"的政治理想,孔子以为可以通过教育来实现。因此,儒家非常重视教育。

孔子认为,教育在政治统治和个人品质形成中都起着关键作用。《礼记·学记》中指出,"玉不琢不成器,人不学不知道。是故古之王者建国君民,教学为先。"儒家提出了德育为先的教育原则。孔子认为,教育的目的,就是培养"圣人""君子"之类的理想人才。"圣人""君子"应当具备"仁、义、礼、智、信"五个方面的品质。因此,教学内容首先是"四教"(即文、行、忠、信),然后才是知识类的"六艺"(即礼、乐、射、御、书、数),在孔子看来,教育的重要任务不仅是传授知识,而且更要注重品行修养。

孔子一生重视教育工作,第一次提出"有教无类"的教育思想,打破了"学在官府"的藩篱,并开办私学,招收平民子弟享受教育的权利,扩大了受教育的范围。在教学实践中,孔子强调"因材施教""循循善诱""诲人不倦"等教育理念,善于进行启发式教学,主动发挥学生主观能动性。这些教育思想在中国教育史上产生了深远的影响,乃至今天仍具有积极意义。

(四)尚中

"中庸",是孔子对商周以来"中和"思想的继承和总结而提出的一个哲学范畴,被称为"至德"。孔子说:"中庸之为德,其至矣乎!"(《论语·雍也》)就是说,中庸是至高无上的道德准则。中庸的基本原则是"允执其中",要求把握适当的限度,以保持事物的平衡,是人的言行合乎既定的道德标准。

儒家的中庸理论是以中和观念为理论基础的。所谓"和",即事物的和谐状态,是最好的秩序和状态,是最高的理想追求。儒家思想的"和",不仅是自然的和谐、人与自然的和谐,更重要的是人与人、人与社会的和谐。所谓"中"指的是事物的"度",正如《中庸》中所说:"中也者,天下之大本也;和也者,天下之达道也。致中和,天地位焉,万物育焉。"

中庸之道,包含两层意思:一是反对过犹不及,强调中和和谐,固执任何一端都失之于"中"。二是"执中"原则为"礼"。"礼"以"执中"为用,"礼之用,和为贵"。因此,作为"执两用中""过犹不及"的中庸之道,归根到底就是要时时处处按照"礼"的规定办事。可见,儒家的"中庸"思想,最终还是把人们的视听言行全部约束在奴隶社会的等级制度和道德规范之内,既无过度又无不及。因此中庸思想在政治上是保守的,但作为思想方法,中庸之道含有一定的辩证因素,值得肯定。

二、儒家哲学发展演变

"儒"最早是对一种官职的称呼。许慎《说文解字》中说:"儒,柔也,术士之称",是说"儒"是指一些负责祭祀祖先、主持丧葬之礼的人士。中国人历来重视死的观念与丧葬礼仪,这种广泛的社会需求促生了一个特殊的社会阶层"儒"。《汉书·艺文志》中说:"儒家者流,盖出于司徒之官,助人君顺阴阳、明教化者也。"意思是说儒者为官是要帮助君王理顺阴阳之气、彰显教化之工。"儒"本是古代专为贵族服务的巫、史、祝、卜之流,后来逐渐用来指称具有一定文化知识的学者和教师。孔子曾以"儒"为业,《史记·孔子世家》记载:"孔子以诗书礼乐教,弟子盖三千焉,身通六艺者七十有二人。"后来,孔子继承和发扬了周公的思想,主张"德政""复礼""举贤"等观念,并以天命为出发点,建立以"仁"为核心的思想体系,以此创立了影响中国两千多年的儒家思想。

儒家哲学是一个历史的发展的概念,在古代中国,历经两千多年的演变,形成了不同时期不同的理论形态。从其哲学思想的发展演变过程来看,它主要经历了先秦、汉唐、宋明、清四个阶段,反映了儒家哲学从形成、发展、鼎盛到衰微的整个过程。

（一）先秦时期的形成期

1.春秋时期

儒家学派是由春秋时期的孔子创立的,其主要思想是孔子的思想。其中,"仁""礼"是孔子思想的主要内容,也是孔子思想体系的两个基本范畴,而"中庸之道"则是实现"礼"与"仁"相统一的最佳状态。

孔子(前551—前479),名丘,字仲尼,鲁国陬邑(今山东曲阜)人。春秋末期思想家、教育家。孔子勤学好问,博学多识,曾带领部分弟子周游列国14年。晚年孔子回到鲁国继续创办私学,整理《诗》《书》等古代文献,并把鲁史官所记《春秋》加以删修。自汉以后,孔子开创的儒学成为两千余年传统文化的主流。

孔子的思想体系以"礼"为出发点,以"仁"为核心。孔子在《论语·颜渊》中说"克己复礼为仁",就是说克制自己,按照礼的要求去做,就是仁。孔子所主张的"仁",本质就是一种人与人的亲善关系,也就是以仁爱之心调和社会人际关系。孔子认为,实现"仁",就必须"克己复礼",也就是用礼去约束、规范他人从而做到"仁"。这里所讲的"礼"就是"周礼",而礼的本质是社会管理。因此他主张贵贱有序、亲疏有别,人的生活方式和行为应该符合他们在家族和社会中的身份与地位。孔子的"礼"和"仁"的思想,对后世产生了深远的影响,而两者统一的状态就是"中庸"。孔子的"中庸"思想,既具有哲学方法论的意义,又具有品德修养的意义,对于处理人与人、人与自然、人与社会的关系,是一种普遍的原则,这种原则对后世乃至当代都产生了深远的影响。

2. 战国时期

战国时期，儒家在孟子和荀子等儒家大家的继承下得以继续发展，成为"百家争鸣"中的一家。孟子继承并发扬了孔子"仁"的学说，进一步深入探究人的自身和本性，提出了"性善论"。荀子则继承了孔子"礼"的思想，提出了"礼法并重"的哲学思想。在人性方面，他主张"性恶论"。

孟子（约前372—前289），名轲，字子舆，邹（今山东邹城东南）人。战国时期哲学家、思想家、教育家，是孔子之后、荀子之前的儒家学派代表人物，与孔子并称"孔孟"。孟子宣扬"仁政"，最早提出"民贵君轻"思想，被韩愈列为先秦儒家继承孔子"道统"的人物，元朝追封为"亚圣"。孟子的言论著作收录于《孟子》一书，其中《鱼我所欲也》《得道多助，失道寡助》《寡人之于国也》《生于忧患，死于安乐》等篇被编入中小学语文教科书中。

孟子认为，人通过自我努力都可以达到至善，体现天道，这是因为"善"为人性所固有。因此，人只要能保存本性，涵养善性，就能成为善人，并与天道融为一体，即《孟子·尽心上》中所说的"尽其心者，知其性；知其性，则知天矣"。所以"人皆可以为尧舜"。孟子将"仁"在社会政治领域也做了延伸，提出了"仁政"学说和"民本"思想。孟子的仁政主张始终贯穿着"以民为本""民贵君轻"的思想，他在《孟子·尽心下》中说："民为贵，社稷次之，君为轻。是故得乎丘民而为天子，得乎天子为诸侯，得乎诸侯为大夫。"这个论断振聋发聩。孟子还提倡听政于民、与民同乐、轻刑薄赋、善教得民等,充分体现了孟子思想进步的一面。孟子极大地拓展了孔子的仁学理念,形成了一整套较为完善的仁学思想体系,在儒学思想发展史上占有重要地位。

荀子(约前313—前238),名况,时人尊而号为"卿",战国末著名思想家、教育家。早年游学于齐国,曾三次担任齐国稷下学宫的祭酒。他打破"儒者不入秦"的先例,曾到秦国进行过实地考察。晚年从事教学和著述,韩非、李斯都是他的入室弟子。现存《荀子》三十二篇,大部分都是荀子自己的著作,涉及哲学、逻辑、政治、道德等诸多方面。

荀子的思想主要特色综合百家、调和儒法。他继承孔子"礼"的思想,结合当时的社会形势,进一步提出隆礼重法、礼法并重的理论。他认为,礼与法之间不是对立关系,而是互补关系。他不同意孟子尊王贱霸的思想,而提倡以王道为主,霸道为辅的政治主张。荀子的这种王霸相杂、礼法相行的主张是以他的"性恶论"为理论根据的。他认为,人性本恶,人只有通过后天的修炼,去恶从善,才能达到道德品质的高尚境界。在荀子看来,人的本性是追求利欲的,而礼的作用就在于对人的利欲进行限制和束缚,从而将人性的恶转化为善。荀子还认为,只讲"礼义",不重视法度,只重视教化,不重视"刑罚",并不足以维护社会统治秩序,因而他主张既隆礼,又重法,援法入礼。在宇宙观方面,荀子提出"天行有常""天人相分""人定胜天""制天命而用之"等观点,他认为天是自然的天,而人能够运用自然规律,实现天人的配合。他的思想被认为是具有朴素气息的唯物主义思想,对我国古代唯物主义传统的发展起到了积极作用。

（二）汉唐发展期

秦统一六国后,秦始皇采用法家思想治理国家,百家争鸣的时代宣告结束。同时由于秦始皇焚书坑儒,使儒学在秦朝遭受重创。直到汉朝,儒学在思想家董仲舒手里才重新得以发扬光大并逐渐向政治化、经学化、宗教化发展。

董仲舒(前179—前104),广川(治今河北景县西南)人,西汉思想家、政治家、教育家、唯心主义哲学家、今文经学大师。汉景帝时任博士,汉武帝时先后任江都相、胶西王相。

汉武帝时,董仲舒顺应封建大一统的思想潮流、突出儒家文化的主导地位,提出"罢黜百家,独尊儒术"的学术主张。这一观点得到了汉武帝的支持并加以推行。董仲舒继承了孔子的"君君臣臣、父父子子"的学说,并吸取了韩非子"臣事君,子事父,妻事夫。三者顺,则天下治;三者逆,则天下乱"的三纲思想,提出了"三纲五常"的观念,体现了儒家政治与伦理相结合的思想特征,成为后世儒家的共同信条。提出了德刑并用、以德教为主的统治方针,实现了儒法合流。建立以天人感应为特征的儒学,利用阴阳五行的思想,说明天与人存在一种神秘的关系,统治者顺应天意就会得到天助,违背天意则会招致国家灭亡。通过"天"来限制君主个人的私欲,制约他至高无上的权力,这对于维护整个封建社会的长治久安做出了重要的贡献。与儒学成为统治理论相适应,儒家经典也取得了独尊地位。对儒家的《诗》《书》《礼》《易》《春秋》等经典进行注释,成为汉代儒学的重要表现形式。儒学也从先秦时期的子学形态,转变为汉代以后的经学形态。儒家学说开始居于独尊的地位,成为汉代文化思潮的主流。

魏晋南北朝时期,玄学兴盛,儒学式微,经学失去了独尊地位。

隋唐时期,中国大一统的局面再次形成,儒学作为统治意识形态的主体地位被再一次确立。隋唐科举考试都要考儒经,从而推动了经学的进一步发展。当然隋唐时期,儒学为适应社会变化,在保存儒学基本思想的同时,也开始吸收佛、道的思想成果,初步出现了儒、道、佛融合的趋势,为宋明理学的形成奠定了基础。

（三）宋明鼎盛期

宋明时期,儒学吸收佛、道思想,从理论上进一步得到完善,形成一种以儒家思想为基础,集佛教和道教思想于一体的新儒学,即理学。它是高度哲学化和政治理论化的儒学,是儒学发展的最高理论形态。因此,儒学发展到宋明时期,进入到儒学发展史上的鼎盛期。

北宋时期,周敦颐被后世称为理学的开山之祖,与邵雍、张载、程颢、程颐,号称"北宋五子"。周敦颐融会《易传》《中庸》及佛、道思想,以"太极图"为构架,论述了以"性与天道"为核心的一系列理学的重要范畴。张载和"二程"（程颢、程颐）是理学的奠基者,都关注本体论的探讨,所不同的是,张载以"气"为本体,"二程"以"理"为本体。在本体论和伦理学的关系问题上,张载和二程都主张"性即理",或天与人的合一。

南宋时期,理学发展达到高峰,理论深刻精密,理学家人才辈出,其中最具代表性的是朱熹和陆九渊。朱熹是理学的集大成者,他在"二程""理本论"的基础上,吸收了张载的"气体论",建立了以理为本体、以理统气的哲学逻辑体系,进一步完善和发展了客观唯心主义的理学思想,后世称之为"程朱理学"。

朱熹(1130—1200),字元晦,号晦庵,别号紫阳,世称朱文公。南宋著名的理学家、思想家、哲学家、教育家、诗人、闽学派代表人物。其理学思想在明清两代被提到儒学正宗的地位,成为官方意识形态。朱熹也是唯一非孔子亲传弟子而享祀孔庙并位列大成殿十二哲之一。朱熹的著述甚多,主要的哲学著作有《四书章句集注》《太极图说解》《通书解说》《周易读本》等,其中《四书章句集注》成为钦定的科教书和科举考试的参考标准。

朱熹的理学思想的核心内容包括:"理"是宇宙万物的本源,是第一性的,理在气之先;"气"是构成宇宙万物的材料,是第二性的;"存天理,灭人欲"。朱熹认为,理是宇宙万物的本源,理也是太极,他主张"格物穷理"的方法,内心听命于道心,革尽人欲,复进天理。朱熹本是想通过"存理灭欲"的主张限制当权者的私欲、促进百姓善良,从而维护社会稳定。但由于这些伦理要求在当权者面前毫无作用,反而被用来给百姓套上枷锁,为后人所诟病。

与朱熹同时代的陆九渊则把儒家孔孟学说和佛教禅宗思想结合起来,并继承了程颢"天即理,即心"的观点,提出"心即理"的命题,对朱熹理学提出了挑战,朱熹认为,理超越物质世界存在于天上;陆九渊认为,理是根于人心所固有的,"心"是本体而高于"理",

因此他的学说又称为"心学"。南宋以后,直到明代前期,程朱理学占据了统治地位,心学的影响不大。

明代中叶以后,程朱理学盛极而衰,王阳明反对朱熹的理学观点,创立了与之相对立的"阳明心学"。与朱熹的客观唯心主义相对,"阳明心学"被认为是主观唯心主义。

王阳明(1472—1529),本名王守仁,字伯安,号阳明,余姚(今属浙江)人,自号阳明子,学者称其为阳明先生,南京吏部尚书王华的儿子,明朝著名的思想家、文学家、哲学家、军事家和教育家。精通儒家、道家、佛家三家学说,其文章博大昌达,行墨间有俊爽志气,其著作《王文成公全书》《大学问》等流传后世。

王阳明继承和发展了陆九渊的学说,是心学的集大成者,因之有"陆王心学"之称。他的学说,是明代影响最大的哲学思想。与朱熹的"格物穷理"相对,王阳明主张"心即理","心外无理",把"心"与"理"二者统一起来,并把"心"提到万物主宰的地位,认为最高的道理不需求外,而要从自己内心去寻找。另外,他还提出"知行合一"说和"致良知"说,就是在实际行动中实现良知,知行合一。阳明心学是明代中后期思想界的显学,是整个宋明理学发展的顶峰。

王阳明死后,其学说开始分化为多个派别。王艮(gèn)发展为泰州学派(王艮是泰州人),李贽则走向反面。明王朝灭亡后,作为时代思潮的阳明心学,也随之终结。

（四）清代衰弱期

儒学发展到清代，"崇实黜虚"的学风开始盛行。由于"阳明心学"的后人逐渐抛弃了"经世"精神，只致力于心学本身，空谈心性，无法解决现实社会的问题，"心学"逐步衰落，从而形成了一代新的儒学思潮，即朴学。清代朴学家们打着恢复汉代古文经学的旗号，主张从儒家经典中重新挖掘其意蕴。到了明末清初，士大夫中的有识之士开始反对空谈，主张关心时政，所以"朴学"也被称为"实学"。其中以顾炎武、黄宗羲、王夫之为杰出代表，他们提出了"经世致用"的观点，在一定意义上反映了资本主义萌芽时期的要求，带有民主色彩。

随着清王朝统治的巩固，清政府加强了文化专制主义政策，一方面力图用程朱理学加强思想钳制，另一方面又大兴文字狱。学者们为了避祸，又厌烦理学空洞，便兴起了重考据主实证的"朴学"。"朴学"在治学上重视客观证据，反对主观武断，运用归纳法、演绎法，形成了一种精确谨慎、朴实无华的治经方法和笃实学风，有一定价值。但朴学脱离现实，缺乏思想创新，因而在哲学理论上显得苍白，缺乏建树。

到了清末，面对封建末世深重的社会危机，一批政治家、思想家和进步学者再一次提倡经世致用，主张实行改革。著名的有林则徐、龚自珍、魏源等，在他们的引导下，人们开始挣脱"程朱理学"的枷锁，为学习西方新思想奠定了思想基础。近代太平天国运动，是对儒学最早的公开冲击。洋务运动则使儒学的实际地位遭到削弱。随着西学影响的扩大及中国社会变革的风潮日益高涨,清末民初出现了公开的批孔反儒思潮,孔子和儒学的地位进一步被动摇。新文化运动和五四运动,国人高喊"打倒孔家店"的口号,否定了统治中国两千多年的儒学,儒学最终走向衰落。

从自身发展历程看,儒学在封建社会的整个发展过程中基本没有中断,在不同的社会历史时期表现出不同的特点,演变为不同的形态,表现出极强的生命力。

三、儒家哲学基本特征

儒家思想作为中国传统文化的主流,虽然在不同的时期形成了不同的理论形态,产生不同的派别,但他们又存在着一些共同的特征。[①]

(一)"内圣外王"的人格理想

所谓"内圣",是指主体修养方面的要求,以达到仁、圣境界为极限;所谓"外王",是指社会政治教化方面的要求,以实现王道、仁政为目标。这种人生理想标准,最早见于孔子的"修己"以"安人"(《论语·宪问》)。孟子对孔子的这一思想做了进一步阐释,在内圣上强调"修身""立命",培养大丈夫人格;在外王上,倡导实行王道仁治的理想。儒家把内心的道德修养与外在的政治实践融为一体,建构一种独特的人格理想。

---

①李建中.中国文化概论[M].2版.武汉:武汉大学出版社,2014.

儒家"内圣外王"的人格理想的主要特点，是要求以圣贤的人格为价值指向，以个体的道德自觉为修身原则，最终担当起国家和民族的重任。内圣主要表现为善的德行，外王表现为治国平天下等外在事功。在儒家"修身、齐家、治国、平天下"的理想中，"修身"就是要达到内圣之境，"齐家、治国、平天下"则属于广义的外王。

"内圣外王"始终是贯穿于传统儒学的一条主线，为了实现"内圣外王"的人格理想，历代儒家都要求人们明伦理，主自律，倡导伦理教化和道德修养，以圣人为人格的最高标准，不断追求。

（二）天人合一的思维模式

"天人合一"是指把宇宙人生或自然界和人类社会一切事物的发展变化，都看做相互联系、和谐、平衡的有序运动的一种思维模式。儒家追求"内圣外王"的人格理想，而"天人合一"是"内圣外王"的极致。因此，"天人合一"代表了儒家文化的根本精神和最高境界。追求"天人合一"的精神和境界成为历代儒家的思维模式。

中国"天人合一"思想源远流长，内容十分复杂。而儒家"天人合一"整体的思维模式大概有以下三种类型。

一是从孔子到荀子所提倡的自然论的"天人合一"模式。孔子说："天何言哉？四时行焉，百物生焉，天何言哉？"（《论语·阳货》）这里的天是一种最高的客观意志，是自然社会的主宰。孔子提出"知天命""畏天命"等一系列命题，要求人们顺应自然社会的客观规律，具有划时代的意义。荀子进一步提出"天人相分"和"制天命而用之"等命题，这里荀子并不否定天与人有统一的关系。

二是以董仲舒为代表的有神论"天人合一"模式,他把"天"神秘化了,成了有意志、有目的、有道德属性的最高主宰,这在中国哲学思想史上不能不说是一种倒退。但是他的神学化的"天人相类""天人感应"学说,目的在于寻求天人的和谐统一、维护封建统治秩序,对统治者也有一定警戒作用。

三是从孟子直至宋儒所开创的心性论"天人合一"模式。孟子提出:"尽其心者,知其性也。知其性,则知天矣。存其心,养其性,所以事天也。"(《孟子·尽心上》)孟子认为,天道即是"仁"与"天"的统一,人只要能保存本心,涵养善性,也就与天道相融为一体了。宋明理学发扬了孟子心性论学说,张载提出"天人合一","二程"说"天人本无二",王阳明提倡"万物一体",都是说人只要把自己内在的德性发扬出来,就能与天道合二为一。

传统儒学以"究天人之际"为最大学问,所追求的"天人合一",总是把天人作为一个有机整体来思考,把宇宙本体与社会认识及人生价值密切相连。

(三)礼仁一体思想架构

"礼仁一体"是儒家思想体系的核心架构。"仁"的核心内容是"爱人",其重要表现为"忠恕",即"己欲立而立人,己欲达而达人"和"己所不欲,勿施于人"。所谓"礼",是指用以维护社会和谐稳定的典章制度和行为规范,仁和礼是统一的。"礼"作为实现"仁"的政治保证,既保证每个人都必须遵守伦理道德规范,又保证人与人之间的关系的协调以及整个社会秩序的稳定。孔子要求人们做到

"非礼勿视,非礼勿听,非礼勿言,非礼勿动",一切都要以礼为依归。如果人们都能按照"礼"的要求去做,也就在整体上体现了"仁"的理想。

儒家思想几乎贯穿我国整个古代社会,渗透到社会、政治、经济、伦理、生活等各个方面,深深地积淀于民族意识和文化心理结构之中。儒学的重要思想特征,代表了中国传统文化的基本精神方向,对塑造中华民族的民族精神和性格以及中国思想文化的发展走向具有巨大影响。当然,儒学思想包罗万象,十分丰富,这几个特征只是最主要的几个方面。

四、儒家哲学思想在中国传统文化中的地位和影响

(一)儒家哲学思想是中国传统文化的主流思想

儒家思想是中国传统文化的主流思想,在两千多年的历史中占主导地位。先秦时期,各种思想百花齐放、百家争鸣,儒家和墨家成为"显学",而儒家思想影响更大。汉武帝时期,听从董仲舒建议,罢黜百家,独尊儒术,儒学从子学变为官学,从此,儒学作为统治阶级意识形态的主导地位在古代中国基本未曾动摇。魏晋时期盛行玄学,实际上是道儒结合的产物。隋唐时期,佛学有了突飞猛进的发展,并与儒、道形成三足鼎立的局面,但政治法度仍然采用儒家的思想。宋明时期儒家思想得到进一步的发展,宋明理学融合儒、道、佛三家的思想,在理论上更加完善,是高度哲学化的儒家思想,从而恢复了儒学的权威地位。宋、元、明、清时期,理学受到

统治者的尊崇。尽管明清之际产生了"启蒙思想",但实际上是一场儒家思想内部的自我调整。直至新文化运动,儒家思想受到了严厉的批判和打击,在思想意识上占统治地位的局面宣告终结。

儒家思想在中国思想史上绵延两千多年,成为中国传统文化的主导思想,最主要的还是因为儒学有着自身的特质。在春秋战国诸子百家的思想中,只有儒家思想能够最大程度地满足中国宗法制社会的客观需求。因而,自汉代以来,历代王朝都以儒家思想为治国的指导思想,儒家思想也成了历代封建统治者的政治工具,取得了独尊的地位。同时,儒学又得到了广大民众的认可,在社会生活中有着深厚的群众基础。它在长期的历史演进过程中,凝聚着中华民族的集体智慧和力量,包含着许多积极的因素和宝贵的精神财富。

(二)儒家思想对中国传统文化的影响

两千多年来,儒家思想广泛而深入地影响、渗透到中国文化的政治、伦理、哲学、教育、文学艺术等领域,使中国传统文化深深地打上了儒家思想的烙印。①

1. 中国传统政治文化受儒家思想的深刻影响

儒家思想具有维护封建专制体制、遵循严苛等级制度的人治传统等弊病,与现代民主格格不入,背道而驰。儒家思想长期以来成为中国封建统治阶级统治人民的思想工具,孔子也成为历代统

①梁宁森,刘晓顺.中国古代文化概论[M].西安:三秦出版社,2005:49—52.

治者实行封建专制的护身符。但是,儒学中的"仁学"思想、民本主义思想对防范君主独裁仍起着积极的作用。民本思想对历代统治者都产生了警戒的效力。虽然民本主义与民主思想还存在着很大差异,但是民本与民主并不是水火不容、相互对立的,它毕竟是民主思想发展的一个重要阶段。

2. 儒家伦理是中华民族伦理道德规范体系的主体

伦理道德在中国传统文化中占有极其重要的地位,有人认为中国传统文化是伦理型文化。儒家伦理道德学说内容十分丰富,包括个人伦理、家庭伦理、社会伦理等道德规范体系。孔子以智、仁、勇为三德,孟子提出仁、义、礼、智四端,董仲舒提出仁、义、礼、智、信五常。虽然这些伦理道德含有一些封建糟粕思想,但是,更多的内容体现了中华民族的传统美德。

3. 儒家思想对中国传统文化教育的重要影响

儒家非常重视教育,把教育看作是治理国家的重要手段。孔子兴办私学,奠定了中国私学传统的基础。同时,孔子的讲学实践又为中国传统教育理论提供了较为完整的思想体系。从此,儒学对中国教育产生了十分重要的影响。汉代以后,儒学成为官学,中国传统教育受儒家思想的影响最大,主要体现在以下两个方面。

一是中国古代教育基本以儒家经典为教材。孔子兴办私学,其教材是"六经",即《诗》《书》《礼》《乐》《易》《春秋》。西汉盛行今文经,其教材主要是"五经"(因《乐》当时已亡佚)。到东汉时,在"五经"之外增加了《孝经》和《论语》,扩大为"七经"。隋唐时期,由于科举考试的加强,经学得到进一步发展,又增加了《周礼》《仪礼》《春秋穀梁传》《春秋公羊传》《尔雅》,于是才有"十二经"。宋代增加《孟子》变为"十三经"。理学家又把《大学》《中庸》从《礼记》之中提取出来,与《论语》《孟子》并列为"四书",朱熹作《四书集注》。从此,"四书"与"五经"成为科举考试的根本依据。儒家学说通过科举考试这种形式对中国教育产生了深刻的影响。

二是儒家提出的教育理论和教育思想对中国教育产生了决定性的影响。儒家在教学理论、教学原则和教学方法等方面提出了重要理论,至今仍存在积极作用。如"有教无类""因材施教"的教学原则,"志于道""明于伦"的教学宗旨,"举一反三""引而不发"的启发式教育方法,"学而时习之""温故而知新""学而不思则罔,思而不学则殆"等学习方法,"三人行,必有我师""不耻下问"等学习态度,都对中国教育影响深远。

4. 儒家思想在中国传统哲学史上占有重要地位

宋代以前,儒学基本上还是一种伦理政治学说,缺乏本体论依据和思辨色彩。宋明理学则吸取了佛家、道家等哲学思想成果,形成了具有高度哲理和精致思辨色彩的儒学,使中国哲学与儒学不相分离。宋明理学本体论中的"理"论、"心"论、"气"论、人性论、格致说、知行观等,都成为中国传统哲学的重要思想内容。

此外,儒家思想还对中国文学艺术、宗教、价值观念、审美情趣和思维方式等方面都产生了重要影响。事实上,儒家思想对中国文化影响是全方位、深层次的。虽然儒家思想具有封建性的糟粕,如果离开儒学,中国文化便无从谈起。随着封建社会的灭亡,儒学在中国社会文化中的核心地位已不复存在,但它的影响至今仍然根深蒂固,在现实社会生活中发生深刻影响。

第二节　道家哲学文化

与儒家哲学一样,道家哲学也是中国传统思想文化的重要组成部分之一。在中国传统思想文化史上,道家哲学与儒家哲学是两座高峰。道家哲学自先秦时期形成后,在两千多年的社会历史发展过程中曾被广泛传播,全面而深入地渗透到中华民族的思维方式、民族心理、风俗民情、文学艺术及社会生活的诸多方面,对中国传统文化产生广泛深刻的影响。

一、道家哲学的基本概念

（一）道与德

道与德,是中国古代哲学、伦理思想中的一对基本范畴。"道""德"对举,始于孔子,《论语·述而》中说:"志于道,据于德。"

在道家思想中,"道"是一个非常重要、非常复杂的哲学观念。"道"原意为人行的道路,用作哲学范畴,它指的是浑然一体的宇宙本源,永恒存在的天地万物之源,运动不息而对立转化的规律和法则。《老子》中讲:"道生一,一生二,二生三,三生万物。"(《老子》第四十二章)道一而生天地阴阳二气,阴阳交合而生成和谐之气,阴、阳、和三气生成万物,因此,道是"天地之母""万物之宗",是一切事物产生的动力和最后的归宿;道,无状无象,是人的感官知觉无法直接感知的,但又用之不尽,确实存在;道,空虚不盈,养育万物,无为又无所不为。

"德"是"道"在伦常领域的发展与表现,因此由道进入德是由自然秩序转向社会秩序,即转而论述人的行为规范。"德"与"得"相通,意为具体事物得之于"道"的特殊性质。"故德者得也。得也者,其谓所得以然也。"(《管子·心术上》)在道家哲学中,"道"指人所共同遵循的普遍原则,"德"指合乎"道"的行为和品德。道是德的"体",德是道的"用"。"道"与"德"在先秦的一些著作中开始联用,合成一词,泛指人的伦理道德。

(二) 自然

自然,是中国道家哲学中的一个重要范畴,指宇宙万物的存在与发展都是自然而然的、不受任何意志支配的。在中国哲学史上,老子首创天道自然的学说,认为天道是无目的无意志的,万物皆由道产生,道生万物是自然的,并明确提出"道法自然"的观点,意思是说,道是自然而然,本来如此,以自己为法的。道听任万物自然而然地发展,生长万物而不据为己有,推动万物而不自恃有功,长育万物而不作为其主宰。庄子继承了老子的天道自然思想,他认为,人只能顺应自然,不可能改变自然。[1]

---

①李建中.中国文化概论[M].2版.武汉:武汉大学出版社,2014:44.

（三）无为与有为

无为与有为,是中国道家哲学的一对范畴。老子最先提出"无为而无不为"的命题,以说明自然与人为的辩证关系。他说:"道常无为而无不为"(《老子》第三十七章);"为学日益,为道日损。损之又损,以至于无为。无为而无不为"(《老子》第四十八章);"故圣人云:'我无为,而民自化;我好静,而民自正;我无事,而民自富;我无欲,而民自朴'"(《老子》第五十七章)。老子认为道作为宇宙本体自然而然地生成天地万物,其自然性被称之为"无为";就其生成万物来说,被称之为"无不为"。

为了社会的安定有序,老子针对统治者第一次提出了"无为"的主张,认为君主无为,百姓可以自化、自正、自富、自朴。老子的无为主要是想消解统治者对百姓过多的控制与干涉,给百姓以更多的生存空间,以使社会恢复并保持和谐与秩序。当然实际的社会并没有这样简单,仅靠无为并不能使社会恢复秩序,正是由于这样,黄老学派才提出了"法"作为君主无为的补充。庄子强调的"无为"是君主"顺物自然而无容私焉"(《庄子·应帝王》)。就是说,庄子除了强调君主的作为必须因循事物的自然本性及其发展趋势之外,还强调要做到不夹杂君主个人的私心和成见。所谓"私心"主要是指私欲之心、逞强争竞之心、好大喜功之心。

（四）逍遥

逍遥,是庄子哲学中的一个范畴,是一种个人精神绝对自由的境界。《庄子·逍遥游》集中阐述了这一思想。庄子认为,真正的逍遥在于任其自然。小鸠、大鹏以至列子御风而行都是各有所待,都是有条件的,所以都不是绝对的逍遥。只有凭借天地的正道,驾驭阴、阳、风、雨、晦、明六气的变化,以遨游于无穷者,才是无所待的至人。至人无我、无为、无名,与天地一体,达到了"天地与我并生,万物与我为一"的境界,就有了绝对的自由。至人是庄子的理想人格,逍遥游是庄子哲学所追求的理想境界。①

二、道家哲学的基本思想

道家,是古代哲学主要流派之一,因以"道"为世界本原,故称为"道家"。道家主要代表人物是老子和庄子,因此道家学说也被称为"老庄"之学。

(一)老子及其思想

老子,姓李名耳,字聃,一字伯阳,或曰谥伯阳,春秋末期人,生卒年不详,年长于孔子。其籍贯多有争议,《史记》等记载老子为楚国苦县(今河南鹿邑)人。春秋时期思想家、哲学家、文学家和史学家,道家学派创始人,与庄子并称"老庄"。曾担任周朝守藏室之史,以博学而闻名,相传孔子曾向他问礼。春秋末年,天下大乱,老子欲弃官归隐,遂骑青牛西行。到灵宝函谷关时,受关令尹喜之请,著《老子》(后称《道德经》)。后被道教尊为道祖,称"太上老君"。在唐朝,被追认为李姓始祖。曾被列为世界文化名人、世界百位历史名人之一。

---

①李建中.中国文化概论[M].2版.武汉:武汉大学出版社,2014:45.

老子的基本思想体现在《道德经》一书中。《道德经》分为八十一章，编为上下两篇，上篇道经三十七章，下篇德经四十四章。全书虽仅五千言，却文约义丰、哲理深邃。《道德经》基本思想概括起来，主要有以下几点。

1. 天道理论

老子思想的主要范畴是"道"，"道"字在《道德经》书中出现了73次，天道、自然、无为是《道德经》一书的主旨。"道"无为自化，清静自正，是天地之始、万物之母，为化生万物的根源；道常无名，无为而无不为，它像水一样，善利万物而不与万物争，以柔弱胜刚强，是最高的善；道是不可言说的，人的感官也不能直接感知，视之不见，听之不闻，持之不得。道既是宇宙的本体，又是万物的规律，还是人生的准则。儒家以天、地、人为"三才"，老子则以道、天、地、人为"四大"。"四大"在"三才"之上增加了道，就给中国文化思想的架构打开了一个极其高远、极富想象力的思维空间。

道作为天地万物存在的本原与本体，缔造、成就了天地万物。但道成就天地万物，并非有意作为，而完全出于无意作为，完全是自然而然。老子曰："人法地，地法天，天法道，道法自然。""道法自然"，自然者，自得其然也。自然是对道之状态与作为的形容，而非道之外更有一实体的自然。一切因其自然，一切顺其自然，这就是道的本性。道之本性是自然无为，但正是这种无为，成就了有为；正是因为无为，才能成就一切。这种现象，被老子加以哲学的高度概括，就是"无为而无不为"。

"无为而无不为",不仅是道之大德、大用,同时也是支配天地万物之最根本规律,是个人安身立命之根本法则,是所谓"道理"。"不自生,故能长生","以其终不自为大,故能成其大",这是天地万物之理。"夫唯不争,故天下莫能与之争";"后其身而身先,外其身而身存";"以其无私,故能成其私",这就是个人安身立命的根本法则。"无为而无不为",不仅是道之用、道之理,同时亦是"道术",是侯王治理国家的根本手段和方法,侯王之"王"天下、治天下,亦当以道为法,所以"我无为而民自化,我好静而民自正,我无事而民自富,我无欲而民自朴"。

2. 辩证思想

老子认为世界上的任何事物都是相比较而存在的。美与丑、善与恶、有与无、难与易、长与短都是相互依存的,有此才有彼,有是才有非,有善才有恶。表面看来,正相反对的两个方面是相互对立的,而实际上又是相互包含、相互渗透的。"祸兮,福之所倚;福兮,祸之所伏。"任何事物都是你中有我,我中有你,任何事物都不是一成不变的。老子在《道德经》第四十章提出"反者道之动",这是说,事物发展到一定程度,必然会向相反的方面转化,所谓"物壮则老","兵强则灭"。同时,事物的发展、事物向反面的转化,并不是一下子实现的,需要经历一个数量上不断积累的过程。"合抱之木,生于毫末;九层之台,起于累土;千里之行,始于足下。"

《道德经》中还运用了"否定式辩证法"进行论证。所谓"否定式辩证法",主要是引用逆向思维的手段,注重从否定的、负面的角度去认识和描述对象,通过"否定之否定"的方法揭示对象的辩证本质。老子对"道"的描述中运用了否定式辩证方式,只从负面对道作否定式的描述,如"无形""无状""无象""无名""无为""不言""不争""不仁""不德"等,目的是通过一个个不断否定,来否定掉"道"的具体性、有限性,以肯定"道"的整体性、无限性和超越性。在老子哲学中这种辩证法普遍使用,也就是老子概括的"正言若反",否定了事物中的否定因素,正是对原有性质的肯定。

3. 政治主张

老子"无为而治"的政治主张,是与他"道法自然"的哲学主张相联系的。老子认为,道之本性即是自然无为,自然无为乃支配宇宙万物的根本规律,也是人类应当信守的基本行为准则。既然天道自然无为,人道也应效法天道,做到常无为而任自然,这就是"人法地,地法天,天法道,道法自然"。统治者治理国家也应顺其自然,不将其主观意志强加于社会政治生活,这就是所谓的"无为而治"的方针。

从无为的原则出发,老子反对人之有为,因为有为破坏了人的原始的自然淳朴,造成了虚伪、狡诈、贪欲、罪恶等种种社会丑恶现象。"大道废,有仁义;慧智出,有大伪;六亲不和,有孝慈;国家昏乱,有忠臣。"天下有道,一切都自然而然。不标榜仁义,而自有仁义。由此老子提出"绝智弃诈""绝巧弃利",主张"小国寡民,使民有什伯之器而不用","虽有舟舆,无所乘之;虽有甲兵,无所陈之;使人复结绳而用之"。与这一社会理想相适应,老子还主张贵柔处弱,认为"坚强处下,柔弱处上","天下莫柔弱于水,而攻坚强者莫之能先",进而主张"上善若水",认为最完善的人格应具有水一样的品格。

（二）庄子及其思想

庄子(约前369—前286),名周,战国中期思想家、哲学家、文学家,道家学派代表人物,与老子并称"老庄"。庄子因崇尚自由而不应楚威王之聘,仅担任过宋国地方的漆园吏,史称"漆园傲吏",被誉为地方官吏之楷模。他最早提出的"内圣外王"思想对儒家影响深远。其作品收录于《庄子》一书,其文想象丰富奇特,语言运用自如,灵活多变,能把微妙难言的哲理写得引人入胜,被称为"文学的哲学,哲学的文学"。据传庄子曾隐居南华山,卒葬于彼,故唐玄宗天宝初,被诏封为南华真人,《庄子》一书亦因之被奉为《南华真经》。

庄子生活于战国中期,大约与孟子同时代。庄子在哲学思想上继承和发展了老子"道法自然"的思想观点,使道家真正成为一个学派,他自己也成为道家的重要代表人物,与老子并称"道家之祖"。庄子的思想包含在《庄子》一书中。《庄子》今存33篇,其中内篇(7篇)一般认定为庄子著,外篇杂篇可能掺杂有他的门人和后来道家的作品。庄子的基本思想主要有以下几点。

1. 天道观念

"道"是庄子哲学的基本概念,是追求生命自由的最基本的范畴。庄子基本继承了老子"道"的思想。老子的道重客观的意义,庄子的道从主体上升为一种宇宙的精神。庄子把道和人紧密结合,使道成为人生所要达到的最高境界。他所关注的"道"是以人为核心,从人的生命、人的精神空间、人的心灵氛围的角度去透视"道"。他在老子的道亦气和有与无的关系上,有了更进一步的认识。他认为,道是世界万物的本源、宇宙万物运动的法则,"道"是无形相的,在时空上是无生灭的。道具有绝对性、创造性、永存性、普遍性、无为性的特点。道的存在是无条件的,"夫道,有情有信,无为无形"。"无为"形容道的幽隐寂静,"无形"形容道的超乎名相。道虽然幽隐寂静,却在作用上可取得信验("有信"),所以具有绝对性;道具有创造性,"神鬼神地,生天生地",在品位与时序上都先于天地鬼神,是产生万物的最后根源,也是一切存在的始源;道"自古以固存""先天地生而不为久,长出上古而不为老",在时间和空间上是无限的,故具有永存性;"道"遍及六合四方,"在太极之先而不为高,在六极之下而不为深",又具有普遍性;"道"还具有无为性,道无为而万物自化,"杀生者不死,生生者不生",万物常因特殊的际遇兴起、消失,道运作万物而自身却永不消失。[①] 庄子阐述的道,向世人宣告自己体悟的宇宙观、世界观,这也正是他追求生命自由的逍遥境界的思想基础,要达到生命的绝对自由,就必须深刻体悟"道"这个基本的范畴。在庄子的哲学中,"天"与"人"是相对立的两个概念,

---

①韦俊生.庄周的天道观及其人生哲学[J].广西大学学报(哲学社会科学版),1990(4):78-84.

"天"代表着自然;而"人"指的就是"人为"的一切,与自然相背离的一切。"人为"两字合起来,就是一个"伪"字。庄子主张顺从天道,而摒弃"人为",摒弃人性中那些"伪"的杂质。顺从"天道",从而与天地相通的,就是庄子所提倡的"德"。在庄子看来,真正的生活是自然而然的,因此不需要去教导什么,规定什么,而是要去掉什么,忘掉什么,忘掉成心、机心、分别心。既然如此,就用不着政治宣传、礼乐教化、仁义劝导。这些宣传、教化、劝导,庄子认为都是人性中的"伪",所以要摒弃它。

在庄子看来,人生最高的境界就是道的境界。如何扩大人的内在生命,便是庄子所关注的问题。庄子所关心的,不在于生理我的满足,也不在于社会我的完成,而在于体现宇宙我的理想。"天地与我并生,万物与我为一",便是宇宙我的体现,它有赖于超越精神的展现。超越的意义,在于扬弃与提升,扬弃俗世的价值,将其提升到更高、更辽阔的精神领域。

2. 自由思想

庄子认为只有以通达的精神超越现实世界,才能获得无限的自由和心灵的宁静。庄子认为,真正的自由是"无待"的,它不依赖于任何条件。无待就是通过"心斋"与"坐忘"来实现。"心斋",庄子解释为:"若一志,无听之于耳,而听之于心,无听之于心,而听之于气!耳止于听,心止于符。气也者,虚而待物者也。唯道集虚。虚者,心斋也。"(《庄子·大宗师》)"虚"即虚无,指无执无为的心境。"心斋"作为方法,是一个"致虚""守静"的过程,也就是去执去为的过程,其要旨是"一志"和"唯道集虚"。"一志"者,义为专一心灵,神不外驰,不为外物所动。这一过程同时是"唯道集虚"的过程。道之性为虚,冲虚自然。人要"体道",心灵也要冲虚自然。这一虚静之心是需要不断地化欲,反复提升的。在《人间世》中,庄子认为心不断地集虚,则可以"虚实生白",使之呈现为一种虚灵空白、无执无著、自然无为的状态,即与道合一之境。"坐忘"是对自我的超越。世人往往寄情于外物,驰心外求,故需返归自观。外忘于物,内忘于我。内外俱忘,即为至境。

3. 平等意识

庄子和儒墨有很大的一个不同,即儒家墨家推崇圣人,而庄子则反对推崇圣贤。在《庄子·胠箧》中,他宣扬"绝圣弃智"的理念。庄子反对"人为",理想的社会是所谓"至德之世"。《庄子·应帝王》的"浑沌之死"就是主张自然、反对人为的寓言。另外,庄子反对儒家的等级观念,儒家说"君君臣臣父父子子",庄子认为"道通为一",认为道在万物,万物平等。

庄子认为儒、墨、名、法等各家过多地执着于"是非""分别"问题,崇其所善,各执一端。因此,他站在"道"的高度,为他的平等观念做了"万物一齐"的预设:他对万物平等关系的认识是建立在"道"的基础上的,"以道观之,物无贵贱"。"万物一齐"并不代表庄子抹杀事物间的差异,实质上,他不但首肯事物间差异性的存在,而且还维护之,高扬之。如《齐物论》中有两则寓言:一为"三籁",说明事物间天然的差异性的永存;二是"正处""正色""正味"之辩,说明人为价值标准的时期延续性。庄子重视事物天然的本性,认为天然的本性都合乎性命之常情,因此天然的差异也是合理的,而对个性和差异的尊重,正是庄子平等观念的深刻之处。

4. 相对主义

庄子思想中一个重要的组成部分就是相对主义。庄子的自然原则是和相对主义联系在一起的。庄子认为事物总是相对而又相生的,也就是说任何事物都具有既互相对立、又互相依赖的正反两个方面。庄子还认识到事物的变化总是向它对立的方面转化,宇宙万物尽管千差万别,而说到底又是齐一的,没有区别的。他认为确定认知的标准是困难的,甚至是不可能的,因为任何认知都会受到特定条件的限制,受到时空的制约。在认识论上,庄子片面强调认识的相对性的一面,认为人的感性和理性都不足以信赖,因为他们都是相对的。

三、道家哲学的基本特征

道家哲学在不同时期产生过不同的流派,常常表现出不同的时代特征。但是不同时期道家哲学又存在着一些共同的基本精神。从整体上看,道家哲学最基本的特征,可以概括为尚自然和重个性两个方面。①

---

①李建中. 中国文化概论[M]. 2 版. 武汉:武汉大学出版社,2014.

（一）尚自然

崇尚自然是道家哲学的主要思想特点。道家的思想体系虽然以"道"为核心，但其基本精神是"自然"。道家哲学是一种以自然哲学为架构、以"自然之道"来贯通的思想体系，它关于"道"的本体论、政治主张、人生观都无不主张"道法自然"，体现了鲜明的自然主义色彩。也可以说，道家哲学就是一种自然主义哲学。

道家崇尚自然的真正含义，是要求人类顺应"自然之道"，以"自然""无为"作为人生和社会的理想追求。道家的自然无为理想，首先是崇尚天道的自然无为。天道，即自然界的运动法则。其次是提倡人道的自然无为，即人类应当效法天道的自然无为。人道，即人事的规范。在人道自然无为的主张中，又包含两层意思：一是在人与自然界的关系方面，强调人与天地万物之间的和谐、一体的关系，认为人应当顺应天地自然的规律，不要以人的主观意志去随意行动，破坏自然界的和谐与平衡；二是在社会人际关系方面，尤其是处于社会领导地位的统治者，要效法道德自然无为的精神，尽量简化各种制度、规范，使百姓保持淳朴的民风，若能顺应自然，则能无为而无不为。

道家崇尚无为的思想，显然存在将自然状态理想化的缺陷。道家对一切人文创造都持批评和否定的态度，表现出一种消极的倾向，它表明道家未能辩证地看待人类历史文明和进步进程中的矛盾性，具有一定的局限性。

（二）重个性

重视个体生命和个性自由是道家哲学的另一个重要特征。道家崇尚自然,强调人性的自然存在方式,这必然导向提倡独立人格的保持,个体价值的实现。道家抨击君主,鄙弃物欲,力促个体摆脱这些观念对人性自然的束缚,其意义正在于此。

老子以儒家的仁义礼智为社会祸首,以物欲为可耻。老子将个体生命看得比天下还重,可见对个体精神自由追求的重视。庄子的人生哲学更是突出强调了个体的存在及其价值。庄子认为,个体生命之所以可贵,并不在于他有无完美的德性,而在于他是一个生命的主体。庄子还追求精神解放的价值取向,就是要摆脱各种外在的束缚,使个体的本性得到自由的伸张。庄子认为,个体生命的首要意义就应该是自由生存,而现实中的人伦理道德和功名利禄等,都不过是束缚这种自由的藩篱。为了实现个性自由,人们应该摆脱世俗的精神羁绊,从思想的牢笼中解放出来。为此,庄子及多数道家人物都采取了避世的生活态度。道家的这种自由观念在传统文化史上产生了深远的影响,许多重要的思想家和文学家都借以反对封建礼教,表现了对自由人生的热切追求。

道家思想从"道法自然"的原则出发,推崇人和社会的自然状态,批判对人的限制,肯定了人对自由平等的追求,它对于弥补中国传统文化中以儒家为主的道德人伦主义人学观的不足、打破封建专制主义观念及不平等制度,都有着重要的理论价值和实践意义。不过,道家所追求的生命价值和个体自由主要是精神超脱,并不可能真正实现人们在社会中的自由权利,具有主观空想的性质。同时过分强调个体的生命价值,也必然会弱化群体认同,更多的转向个体的内在精神世界,从而疏离兼济天下的应有抱负。总之,道家重个性的价值取向如果把握不当,很容易导向个人主义,也有其不可忽视的负面作用。

四、道家哲学的历史地位及其世界影响力

老子是具有世界影响力的中国贤者之一,被誉为东方智慧的代表人物之一。老子哲学思想在中国古代社会发展的进程中占据着十分重要的地位。司马谈对道家哲学的评价是:"道家使人精神专一,动合无形,赡足万物。其为术也,因阴阳之大顺,采儒墨之善,撮名法之要,与时迁移,应物变化,立俗施事,无所不宜,指约而易操,事少而功多。"(《史记·太史公自序第七十论·六家要旨》)意思是,道家使人精神专一,行动合乎无形之"道",使万物丰足。道家之术是依据阴阳家关于四时运行顺序之说,吸收儒墨两家之长,撮取名、法两家之精要,随着时势的发展而发展,顺应事物的变化,树立良好风俗,应用于人事,无不适宜,意旨简约扼要而容易掌握,用力少而功效多。在司马谈对阴阳、儒、墨、名、法、道六家的评价中,其他五家都有优点有不足,而唯独对道家评价是比较完美。英国著名学者李约瑟博士在《中国科技史》中说:"无论如何,儒家和道家至今仍是构成中国思想的背景——中国人性格中有许多吸引人的因素来源于道家思想。中国如果没有道家思想,

就会像是一棵深根已经烂掉了的大树。"李约瑟把中国传统文化比作一棵大树,大树的根系是道家,其主干是儒家,而佛家则是依附在这棵大树上的枝叶。儒、道、佛三者相互依存,相互补充,相互融合,形成了三位一体的多元补充结构。而道家在中国传统文化的奠基地位是不言而喻的。

老子道家思想对中国历代封建统治阶级的治世行为也产生了深刻的影响。西汉初期采用无为而治的道家思想,从而揭开了"文景之治"的序幕。唐朝"贞观之治"的盛世,也是以老子思想顺自然而为之的结果。明太祖朱元璋读《道德经》时感慨万千,于是"罢极刑而囚役之",减轻了严刑峻法。就连以正统儒家自居的人,也不敢说他们心中就没有道家思想的传承。有理学大师之称的朱熹,是我国封建社会后期儒学的集大成者,后人却称他是"朱子道",老子思想的魅力可见一斑。

老子及其道家哲学思想在世界范围内也产生了广泛的社会影响。《道德经》在世界上普及的程度仅次于《圣经》和《共产党宣言》。《道德经》被翻译成 20 多种语言,国内外学者有关《道德经》的论述共有 2300 多种。《道德经》进入西方世界的时间虽然较晚(约在 16 世纪),但是形成的影响却非常大。苏联著名汉学家李谢维奇说:"老子是国际的,是属于全人类的。"法国著名启蒙思想家伏尔泰曾引用老子"道生一,一生二,二生三,三生万物"的杰出命题,来反对基督教的神学。德国哲学大师黑格尔认为中国只有一位哲学家,他在《哲学史讲演录·中国哲学》中说,老子的"道"乃是"一切事物存在的理性基础";他还在《历史哲学》中说:"中国人承认的基本原则是理——叫做'道'";"道为天地之本、万物之源。中国人把认识道的各种形式看作是最高的学术……老子的著作,尤其是他的《道德经》,最受世人崇仰"。西方著名哲学家、存在主义大师海德格尔曾想推翻现存的哲学结论,回到苏格拉底以前去重建哲学体系,但苦苦探索了几十年,都没有找到理想的根据,后来发现了老子自然无为的"道",于是他翻译《道德经》,且认为老子的"道"和希腊哲学中的罗格斯一样,都是反映世界本源。美国前总统里根在1987年国情咨文中引用了《道德经》中"治大国若烹小鲜"这句治国名言,以阐明其治国理念。老子的"道法自然"亦是日本著名科学家福冈正信提倡"自然农法"的理论基础,他还说"如果我们早点听老子的话,科技发展对人类自然环境的破坏也不会如此严重"。由此可见,老子哲学精深玄妙,思想内容丰富广泛,而且对现代社会的发展仍发挥着积极作用。这也正是中外学者重视、研究老子的原因所在。①

第三节　佛教哲学文化

　　佛教是与基督教、伊斯兰教并称的世界三大宗教之一。公元前6世纪至前5世纪,由释迦牟尼创建于古印度,以后广泛传播于亚洲及世界各地,对许多国家的社会政治和文化生活产生过重大影响。佛教自传入中国后,佛教哲学成为中国哲学文化的重要组

---

①梁宁森,刘晓顺.中国古代文化概论[M].西安:三秦出版社,2005.

成部分,在中国哲学史上占有特殊的重要地位。中国佛教哲学一方面继承了印度佛教哲学的基本思想,另一方面又有一些创新。

一、佛教的基本教义

作为一种宗教,佛教是由一个庞杂的系统组成的,包括教主、教义、教团组织、清规戒律、仪轨制度等内容,佛教经典也是浩若烟海。就其根本宗旨而言,佛教学说就是论证人们如何从痛苦中解脱出来的问题。佛教的根本思想是"四圣谛",也是佛教的基本教义。四圣谛,也称四真谛,简称四谛,是佛教四个最基本的真理,即苦圣谛、集圣谛、灭圣谛、道圣谛。"谛"就是如实不颠倒,即是真理。"圣谛"是圣人所知之绝对正确的真理。四谛是释迦牟尼体悟的苦、集、灭、道四条人生真理,四谛告诉我们人生的本质是苦,以及之所以苦的原因、消除苦的方法和达到涅槃的最终目的。

(一) 苦谛

苦谛是佛教对现实世界的根本看法,是佛教对现实世界最根本的价值判断。佛教认为,一切众生的生死能够存在的根本意义就是"苦",生命所包含的其实是无尽的烦恼、不安、困惑、痛苦。世俗世界中的一切都是变迁不息的、没有恒长的。对于众生而言,生命的无常,是人生痛苦的根本原因和基本标志。"苦海无边,回头是岸",佛教中主要有八种"苦",即:生苦、老苦、病苦、死苦、怨憎会苦、爱别离苦、求不得苦、五取蕴苦。

1. 生苦

以人类来说,生时的众缘逼迫,就是苦。我们住胎时,子宫是最小的牢狱,胎儿手脚没法伸直缩成一团,好像坐监牢,痛苦极了。此外,子宫里的种种不净,如羊水、血等,都得忍受,真苦;胎儿出世时,要从母亲狭窄的产道中钻出来,母亲受苦,婴儿也受苦;另外婴儿的皮肤很细嫩,出世时接触到冷热空气,身体也会觉得痛苦。所以生是一种苦。

2. 老苦

每个人的人生都是一个从少到壮、从壮到老的过程,色身、力气,每时每刻都在一步步向衰老的方向靠近,最后身体的各项功能逐渐衰退老化,令我们的身心生出种种的痛苦感受,这就是老苦。

3. 病苦

人的色身是由地、水、火、风组织而成,人吃五谷杂粮,四大不调,就会有疾病发生,这也是每个人都很难避免的。小病还好,影响不大,就怕生大病,常年卧床不起,常年服药,就会给身心造成极大的压力和痛苦,求生不得,求死不能,这就是病苦。

4. 死苦

虽然人们很忌讳"死"这个字,但生老病死谁也避免不了,这是自然规律,没有人可以长生不老。人大多都是怕死的,在寿命临近终了的时候,由于身体的衰败,再加上恐惧,身心就会受到极大的苦痛,这是死苦。

5.怨憎会苦

人们都愿意看到自己喜欢的人,谁也不愿意看到自己的仇人、敌人,或者不喜欢的人。但人生之事十有八九难如人意,往往越是相互怨恨、憎恶的人,越会被安排在一起,想躲都躲不开,令人身心疲惫,痛苦不堪,这就是怨憎会苦。

6.爱别离苦

与至亲、相爱的人乖离分散,所以苦。这个世界上和我们最亲密的,无过于父母、妻子、兄弟姐妹等家人以及朋友,我们希望能够与其长相厮守,不愿意离散。但总是有些违缘逆境,让我们不得不和家人分散,不能团聚,让我们心中生起种种烦恼苦受,这就是爱别离苦。

7.求不得苦

人们用种种办法与手段,希望获得自己所喜爱的东西或实现自己所想的愿望,但是结果却是得不到,这叫作求不得苦。它是最普遍的苦,因为人的欲望太多甚至不切实际,往往不能如己所愿,所以是苦。

8.五取蕴苦

我们对五蕴(即是色、受、想、行、识五种身心聚合)的身心产生执着,称为五取蕴。取是执取的意思。五取蕴刹那的生灭,它一直迁流变幻,所以是苦。

（二）集谛

集谛的"集"，本意是"招聚"或"集合"，集谛是指世间人生诸苦之生起及其根源的真谛。佛教认为，众生都处于十二因缘（无名、行、识、名色、六处、触、受、爱、取、有、生、老死）不断轮回的过程中，在轮回中遭受着痛苦。而众生不断在轮回中并遭受痛苦的原因是众生身心不断进行造业活动。随着业因的善恶性质不同，导致善恶不同的果报。如此因果不绝，循环往复，众生生死不断，轮回不已，痛苦不止。众生业因中，最严重的三大烦恼是贪、嗔、痴，称为"三毒"，是造成人们痛苦最主要的原因。

（三）灭谛

灭谛的"灭"，是指人生苦难的灭寂、解脱。灭谛是指断灭世俗苦痛得以产生的一切因素，是佛教一切修行所要达到的最高目的。众生要超脱轮回苦海，就要达到人生的最高境界，即所谓的"涅槃"。灭谛阐述的正是灭尽贪欲，灭除痛苦，令其不再生起的道理。

（四）道谛

道谛的"道"，指道路、途径、方法。道谛是指灭除痛苦、证得涅槃的途径和方法。佛教认为，只要依照佛法修行，就能脱离生死苦海，达到涅槃境界。佛教提出的修行方法很多，主要的有"八正道""三十七道品"等，这些修行方法可以概括为戒、定、慧"三学"。戒指戒律，定指禅定，慧指智慧。到了大乘佛教，"三学"又进一步发展为"六度"，即布施、持戒、忍辱、精进、禅定、智慧，使修行方式更加具体。

二、中国佛教哲学发展历程

随着佛家在中国传播的广泛深入,由于受到中国本土文化的影响,佛教哲学又有了新的发展。佛教在中国的历史演进大致可分为四个阶段:一是两汉之际的传入;二是魏晋南北朝时期的日趋兴盛;三是隋唐的鼎盛时期,也是佛教哲学最为繁荣的时期;四是宋元明清的日趋衰落时期,也是佛教哲学与儒学逐渐融合的时期。①

(一) 两汉之际的传入

据史料记载,公元 1 世纪左右,佛教开始传入中国。最初,佛教只在皇室及贵族社会中流传,一般百姓很少接触。东汉时期,相关佛事活动以外来僧人翻译佛经为主,"三世实有""戒定慧""万法性空"等佛教基本思想开始传入中国。

(二) 魏晋南北朝时期的日趋兴盛

魏晋南北朝时期,由于社会政治的分裂与动荡不安,百姓苦难深重,生活不安。百姓渴望在精神上摆脱苦难,统治者也开始倡导和支持佛教传播,这使得佛教得到迅速发展。佛教自两汉之际传入中国,到三国两晋时期,佛教的传播活动主要是翻译印度佛经,翻译的主要内容分为两类:一类是小乘禅学,偏重于宗教修持,强调默坐专念;另一类是大乘般若学,偏重于教义的研究和宣传,以

①李建中.中国文化概论[M].2 版.武汉:武汉大学出版社,2014:39.

论证现实世界是虚幻的。由于历史条件和主观条件的限制，当时表达佛教哲学的主要方法是"格义"。所谓"格义"，就是用中国固有的哲学的概念、词汇和观念来比附和解释印度佛教经典及其思想。因此，这一时期便形成了"格义"式的佛教哲学，所阐释的义理并不完全符合印度大乘佛教的正统观念，但这一时期的佛教哲学也正体现了中国佛教哲学思想的主要特点，预示了中国佛教哲学发展的基本方向。

南北朝时期，佛教哲学已由早期的比附格义转向了自主发挥，一方面对印度佛教原意有了更准确的把握，另一方面也开始有了自己的创造性阐释。这一时期译出的佛经越来越多，讲习经论的氛围浓厚，还形成了众多佛教学派，并由此产生了教内外不同观点的争论，颇具百家争鸣的味道，一时学佛讲佛的社会风气愈加兴盛。

（三）隋唐的鼎盛时期

隋唐二代是中国佛教的鼎盛期，也是中国佛教的成熟期。隋唐时期，随着国家的统一，社会政治、经济、文化的繁荣，社会的开放宽容，佛教得到空前发展。就表现形式来说，隋唐时期的佛教是一种宗派佛教，在南北朝时期佛教学派的基础上形成了若干大宗派，著名的有"八大宗"：天台宗、三论宗、法相宗、律宗、华严宗、密宗、净土宗和禅宗。其中，天台宗、华严宗和禅宗是中国化的佛教宗派，带有更多创新性的哲学思想，其中以禅宗最为突出。禅宗认为，人人本性清净，只因被妄念的浮云遮盖而不能自悟，一旦妄念俱灭,顿见真如本性,自成佛道。在悟道途径上,禅宗要求排除一切杂念,不执着于外界事物的相状,灭除妄念,顿悟成佛。禅宗又名佛心宗,代表人物有五祖弘仁、慧可、僧璨、慧能、神秀等。

(四) 宋元明清的日趋衰落时期

宋代以后,佛教总的情况是高潮已过,逐渐走向衰落。宋明时期,由于宋明理学吸收了佛教思想中的思辨理论,而摒弃了出世主义,导致佛教失去了其独特价值。同时佛教为了生存与发展,不仅日趋向宋明理学靠拢,也强调与儒、道的合流,最终导致佛教自身理论学说的日趋衰微。这一时期佛教哲学的特点,主要表现在心性问题成为哲学理论的核心,各宗派逐渐走向融通,佛教哲学体现出"心学"的强烈色彩。佛教思想与儒道思想走向调和,以"自心"为三教的共同根源,将三教置于"自心"基础上从而使三者统一起来。这正体现了中国佛教哲学后期思想的重要特征。

明清时期,中国佛教几乎处于停滞阶段,但在居士和学者中却掀起了一股研究佛学的风气。如明代的宋濂、李贽,清代的王夫之等都是著名的佛学居士,他们不但信佛、研佛,而且还写下了诸多佛学方面的专著。

三、中国佛教哲学的基本特点

中国佛教哲学在根本观念上与印度佛教哲学并没有太大区别,都属于佛教哲学这个大范畴。但自从两汉之际佛教传入中国,受本土文化、思想、习俗的影响,尤其是吸取了大量的儒、道两家的哲学思想,从而形成了许多独具特质的新思想,表现出一些新的特性。中国佛教哲学的特点主要是通过天台宗、华严宗特别是禅宗的哲学思想表现出来的。①

(一) 重现实人生

中国佛教哲学思想的主旋律和真精神在于成就人生最高的价值理想。印度佛教哲学的基调是宣传一切皆空,否定存在(包括个人生命在内)的客观性、真实性。这种思想与中国固有哲学的基调——承认存在的客观性、真实性是旨趣迥异的。天台宗、华严宗和禅宗等宗派的大师们,自觉地吸取了中国固有的思维方式,运用圆融的思想理念把理想世界和现实世界统一起来,强调理想寓于现实之中,主张回归现实,从现实中实现理想,也就是立足现实,超越现实,消解对立,成就理想。这正是中国佛教哲学思想的发展轨迹。

(二) 重个体心性

要成就人生的最高理想境界,关键在于认识、重塑和完善主体世界,也就是认识、改造和提升人心及人心的本质(本性)。这样,心性论就日益成为中国佛教哲学思想的重心。在中国佛教史上,先后展开争论的重大理论问题大体是因果报应之辩、神灭神不灭之争、佛性问题的纷争、真心说与妄心说的对峙、性善论与性恶论的对立,最后统一为主张与儒、道两家同一本心的三教心性合一论。这基本上是围绕心性问题而展开的。

---

①李建中.中国文化概论[M].2版.武汉:武汉大学出版社,2014.

（三）重直觉思维

中国佛教心性是阐述心的本性(自性)的理论,它的重心不是论述心的本性是净还是染的心理和生理问题,而是阐明成佛的可能性和开悟人心的理论根据。因此,天台宗、华严宗和禅宗都重视"观心""见性",或观真心,或观妄心,或明本心、复本性。尽管法门不一,但贯穿其间的共同点是较多直接的感悟,也就是直觉方法。可以说,富有理智的直觉思维是中国佛教在心性论基础上构筑主体理想价值世界的基本方法。

佛教哲学常被喻为"治心"之学,其可"治心",也可"制心"。如按照禅宗的观点,自性是佛,外界一切都是虚假不实的,它只会干扰主体的"涅槃寂静"和"直指本心";若能去掉妄想邪念,则"性自洁净"。因此,当事业受挫、理想幻灭时,应自我反省,扫除内心的"妄念浮云";而当功成名就、荣宠加身时,应想到这只是过眼云烟、身外之物。

总之,执着于荣尽、毁誉、进退、得失,都是对佛性的亵渎,只有身处尘世之中而心超尘世之外,宠辱不惊,进退从容,才是把握了佛家的真谛。这样一种心态无疑是一种较高的人格境界。但是,由此透露出的与世无争、随遇而安的思想也有其消极的一面,这种思想与现代人的进取、创造精神是格格不入的。因此,我们在学习的过程中要采取批判吸收的态度,才能使佛教哲学在今天的精神文明建设中发挥积极的作用。

四、佛教对中国传统文化的影响

佛教传入我国有近 2000 年的历史,在漫长的历史发展过程中逐渐与我国的传统思想、文化与民族风俗相融合,时至今日,已发展为具有中国特色的佛教。佛教对中国的文化具有广泛而深远的影响。

(一) 佛教对中国哲学的影响

自魏晋以后,中国哲学就与佛教结下了不解之缘。佛教圆融的思辨模式、生活即禅的理论吸引了古代士大夫阶层,这对儒家的道统观念有一定的影响。魏晋玄学先是作为般若学传播的媒介,进而与般若学交融汇合,最后为般若学所取代。佛教还促进了宋明理学的完成,宋明理学在思维模式、修行方法等方面,受华严宗、禅宗理论的影响十分明显。有一种流传广泛的说法是"佛道不分家",显而易见的是,佛教和道教的神佛体系是共通的。比如说:关羽,佛教称其为伽蓝菩萨,道教称其为关圣帝君;观音菩萨是佛教道教都会供奉的,道教称之为慈航道人,也叫慈航普度天尊;《西游记》中孙悟空的师父菩提祖师,本是修道之人却有菩提之名。由此可见,善法是相通的,佛道也是相互影响的。

(二) 佛教对中国语言学的影响

佛教对中国语言学的影响能直接反映出佛教是中国文化的一部分。我国日常流行的许多用语都来自佛教语汇,其丰富了中国的词汇,成为中国语言不可分割的一部分。如"一尘不染",佛家把色、声、香、味、触、法叫作"六尘"，如果在修行时能摒除一切杂念，佛语就叫"一尘不染"，变为通俗语言以后，泛指"人品纯洁，丝毫没沾染坏习气，也形容环境非常清洁"的意思。此外，如"苦海无边""放下屠刀、立地成佛""清规戒律""心心相印""想入非非""现身说法""恍然大悟""火烧眉毛""菩萨心肠"等，都来自佛经、偈语或佛教故事。

（三）佛教对中国艺术的影响

佛教绘画是引导民众坚定信仰的重要手段，起源于印度，在我国发扬光大，并逐步发展成具有中国民族风格特色。在古代，佛教美术是古代东南亚的美术主流。我国的佛教美术以石窟艺术为主，是世界上佛教石窟艺术最发达的国家。石窟艺术虽起源于印度，但在长期的发展中早已脱离了印度和犍陀罗的影响，创立了中国石窟艺术的独特体系。

佛教音乐作为一种宗教音乐已成为我国民族音乐的一个重要分支。传入之初，称为梵呗，意思是以乐曲来诵经。在 20 世纪初音乐家李叔同出家为僧，此后由太虚大师作词、他谱曲，创作了《三宝歌》，这是现代音乐史上首次通过专业音乐家进行创作的佛教歌曲。近年来，流行音乐也吸收借鉴了宗教音乐的突破，实现了对流行音乐的完善。佛教歌曲以治心为主，雅而不俗，觉而不迷，对心理治疗有着积极的作用。

（四）佛教对中国建筑学的影响

佛教文化在建筑学上有着重要的功能，例如石窟、佛塔、寺院形成了独特的佛教建筑艺术。其中佛塔按照造型材料用途的不同,艺术价值也不同,有木塔、琉璃塔、石塔等。佛塔象征着佛教的功德和文化传承。

佛教的寺院大多是以四合院的样式,四周闭合,坐北朝南,一般沿着中轴线对称的格局。包括大殿、天王殿、转轮殿、藏经楼等,两边配以佛阁、菩萨殿、钟鼓楼、禅修堂、法堂、斋堂等,秉承中国古代建筑的特色,体现了某一历史时期的建筑形态,遵循着中国化的发展规律。

除了以上几个方面,佛教还对中国医学、武术、社会民俗等方面产生了重要影响,使佛教文化真正成为中国文化的一部分。

第四节　中国传统哲学与老年生活

中国儒、道、佛哲学思想博大厚重,各有自己的理论体系与观点。三者从不同角度对社会治理、个人修养等方面提出自己的观点,三家是殊途同归、互为补充,在中国人的文化概念当中其实早已经融为一体,形成了一种你中有我我中有你的血脉交融的状态。到元明清时期,甚至是将"三教"合流,"三教合一",即在道德标准取向上走向融合的一种趋势。因此,人们总结说"道根儒茎佛叶花,三教本来是一家"。老年人应选择性地学习各家思想文化,去其糟粕,取其精华,融会贯通,结合自己的人生经历,深刻领悟哲学思想,指导自己的人生更加精彩。

一、中国儒、释、道三家的思想精髓

文化主旨方面,儒家文化属于进取文化,是入世哲学,在历史上一直是中华文化的主流思想,提倡积极作为,建功立业;道家文化属于规律文化,是出世哲学,讲究道法自然,一切顺应自然规律、天道规则,人与自然天人合一,无为而无不为,遵循自然的规律,来做好自己;佛家文化是奉献文化,以出世的思想做入世的事业,认为世间万事万物无不是一个空字,任何事物从心而过不留痕迹,讲究大慈大悲普度众生,所以佛家的核心是放下所有、追求解脱、利益众生。

世界观、价值观方面,儒家文化认为,世界是人们展现才华的舞台,要追求"修身齐家治国平天下",在创造物质财富的过程中实现自我价值。道家文化认为,大自然是人类赖以生存的环境,追求人与自然和谐相处的天人合一境界,人要顺应自然、保护自然,以完善的自我带动和谐的社会。佛家文化认为,相由心生,世界就在自己心中;一念之差,便可创造地狱、极乐;人是在为他人献爱心、为社会做贡献的过程中实现个人价值最大化的。

在做人标准方面,儒家文化要求做到仁、义、礼、智、信;道家文化提倡领悟道、修养德、求自然、守本分、淡名利;佛家文化引导人们诸恶莫做、众善奉行、运用智慧、心灵安定。

二、儒、道、佛哲学思想文化与老年生活

（一）学习儒家思想，确立刚健有为的积极人生态度

随着生活水平的提高，当代老年人退休时并不显老，大多身体状况比较好，经济方面也相对宽裕，这就为老年人继续学习、服务社会、成就人生提供了物质基础。所以，老年人退休后，不能只想着颐养天年，应该确立积极的人生态度，关心国家大事和社会发展，将自己融入社会。树立终身学习理念，活到老，学到老。不仅老有所养、老有所乐，还要老有所学、老有所为。积极参加老年教育，学习一定的技能和知识，利用自己丰富的人生资源，力所能及地为社会做出自己的贡献，也提高自己的生活质量。在学校、医院等单位和社区家政服务、公共场所服务管理等行业，做些适合自己的工作。积极参加一些文化活动，继承弘扬中华优秀传统文化。有条件的，也可以继续创新创业，发挥自己的才能智慧，实现自己的人生价值。在家庭中，讲究长幼有序、父慈子孝、夫妻互敬、尊老孝老，建立家规家训，传播孝道文化，构建一个和谐美满的家庭。个人方面，自觉践行仁义礼智信、忠恕、中庸等思想，提高个人修养，完善道德品质，提高生命质量。最终目的是老年人能够保持独立性，有更好的发展、更加美好的晚年生活。

（二）学习道家思想，追求淡泊名利、顺其自然的人生境界

老年人经过大半生的人生经历，体验了生活中的酸甜苦辣，幸

福与快乐,磨难与坎坷,生活阅历丰富,人生感悟透彻,参透人生智慧,对道家哲学具有更加深刻的认识。首先,老年人要学会放下,淡泊名利、顺其自然,拥有一个好的心态。人生中的舍与得、名与利已不再重要了,"宠辱不惊,看庭前花开花落;去留无意,望天上云卷云舒",享受着眼前美好的人生。其次,崇尚天人合一思想,人与自然和谐统一。珍惜与保护生态环境,多亲近大自然,在大自然中强健身体,陶冶性情,完善道德。再次,提倡道家"性命双修"的养生方法。修性,则要修养心、意、性而善养神;修命,则要修养精、气、神而善养形。所以,道家养身之道,重在善饮善食,习气练功,调和阴阳,清静无为,少私寡欲,心神宁静,最终得以益寿延年。

(三) 学习佛学思想,修得一颗慈悲、博爱之心

老年人比较适合学佛,因为它可以让人学会看空,变得身心愉悦,乐善好施,继而延年益寿。正如孔子所说的:"及其老也,血气既衰,戒之在得。"人到老年,血气已经衰弱了,最主要是要戒除贪得无厌。老年人学佛,学会养心,学会放下尘世间的各种纠纷和利益,好也罢,坏也罢,都随遇而安,想开一点,看空一点。就如曾国藩,他晚年也开始学佛,变得求缺惜福,追求"花未全开月未圆"的最佳人生境界,还将自己的书房命名为"求缺斋",不求圆满,但求缺陷。因此他晚年的福气还是不错的,不贪名利,得以善终。南怀瑾大师也告诉大家:"在这个有缺陷的世界上,没有一个人的人生是圆满的,假使圆满他就早死掉了,因为佛称的娑婆世界,是一个缺陷的世界;所以要保留一点缺陷才好。"所以说,晚年学点佛学思

想,有助于老年人培养好心态,静心、养心,学会看空,乐善好施,博大慈爱,拥有一颗慈悲的心,这才是人生最大的福气和福报。

思考与拓展

1. 简述中国儒家哲学文化的特征及其发展演变过程。

2. 简述中国道家哲学的基本思想和文化特征。

3. 佛教的基本教义有哪些?请结合实际谈谈自己的理解。

4. 区别儒、道、佛三家思想的相同点和不同点。

5. 谈谈学习儒、道、佛哲学思想对你的生活有什么影响?

第三章
中国古典文学

　　文学是用语言塑造形象反映社会生活的一种艺术,是文化中极具强烈感染力的重要组成部分。中国文学源远流长,贯穿古今,按照中国文学的发展历史,一般分为四个阶段:古代文学,指先秦—清朝末期的文学(1840 年之前);近代文学,指 1840 年—1917 年的文学(又说 1840 年鸦片战争至 1919 年五四运动前夕),是古代文学向现代文学过渡时期;现代文学,是指 1917 年—1949 年创作的文学,也称"新文学";当代文学,指 1949 年 7 月中华全国文学艺术工作者代表大会以后创作的文学。

　　中国古典文学与中国古代文学有什么不同?"典"在拉丁文中是"第一流、典范的"的意思,由此可见,古典文学专指优秀的、有一定价值的古代文学。一般情况下,中国古典文学有广义和狭义之分:广义是指自先秦至清代末年的中国文学,包括作家、作品、文学事件,文体起源与发展历程,文学运动、流派,文学理论等,类似中国古代文学史。按文学史的习惯,可以划分为先秦文学、秦汉文学、魏晋南北朝文学、隋唐五代文学、宋元文学、明清文学。狭义是专指中国古典文学作品。每一个时代都有其独具特色的文学样式，使中国古典文学呈现出多姿多彩、壮丽辉煌的图景，从诗经、楚辞、汉赋，到唐诗、宋词、元曲、明清小说等各领风骚、蔚为大观。

中国古典文学是中国文学史上闪烁着灿烂光辉的经典性作品或优秀作品，它是世界文学宝库中令人瞩目的瑰宝。几千年来，中国传统文化养育了中国古典文学，中国古典文学又大大丰富了中国传统文化，使传统文化更具有深刻的影响力。

第一节　先秦两汉文学

先秦两汉文学在中国古代文学史上是指公元三世纪以前的文学，中国文学的各种体裁几乎都孕育于这个时期。散文可以追溯到甲骨卜辞；诗歌可以追溯到《诗经》《楚辞》和汉乐府；小说可以追溯到神话传说、《左传》《史记》等历史散文，以及诸子散文中的寓言故事；辞赋可以追溯到《楚辞》，骈文中对偶的修辞手法，在这个时期也已出现；戏曲元素在《九歌》中也有了萌芽。中国文学的思想基础也是孕育于这一时期的。特别是儒道两家的思想影响着此后几千年作家的世界观、人生观和价值观，影响着整个中国文学的一些观念，如"诗言志""法自然""思无邪""温柔敦厚"等，都是在这个时期提出来的。①

---

① 袁行霈. 中国文学史[M]. 北京：高等教育出版社，2020.

一、先秦文学

如果将中国文学史比作一条长河,从下游向上溯源,我们没有办法找到准确的起源标志,也不能确定起源的年代。中国历史中的先秦指的是公元前 221 年秦朝统一天下以前的历史,包括中国原始社会、奴隶社会和早期封建社会三种社会形态。先秦文学是中国古代文学发生发展的最早阶段,以口头文学形式为主,它包括秦代以前各个历史时期的文学,其主体部分是成熟的周代书面文学,尤其是春秋战国时代的文学。这一时期由天下统一的分封到诸侯异政的分裂,再到中央集权的统一,文学作品的思想性和艺术性大部分也都体现了华夏范围内由分裂而寻求统一的基本时代特征。这一阶段产生了很多优秀作品,有成为我国古代文学先导的古代神话和古代歌谣,有标志着我国文学光辉起点的《诗经》,有作为后代史传体文学、小说和戏剧滥觞的历史散文,有体现战国时代百家争鸣之局的诸子散文,有我国寓言文学鼻祖的先秦寓言,有光耀千古的浪漫主义诗辞杰作《楚辞》等。丰富多彩、斑驳灿烂的先秦文学奠定了我国两千多年文学发展的坚实基础。

(一)《诗经》

《诗经》是我国最早的诗歌总集,编成于春秋时期,共收入自西周初年至春秋中叶(前 11 世纪—前 6 世纪)的诗歌 305 篇,它在先秦时代称为"诗"或"诗三百",代表了 2500 多年以前诗歌创作的最高成就,西汉初被奉为经典,称为《诗经》。[①]

《诗经》中的诗,最初都是歌、舞、乐三者结合为用的,随着社会发展,音乐、诗歌与舞蹈分离,诗歌只配以乐曲演奏,这种入乐的歌辞,称为"乐歌"。

《诗经》一书按照《风》《雅》《颂》三大类进行编排,主要是依据音乐特色来划分的。《风》也称《国风》,"国"指地域;"风"是乐歌曲调的意思。包括周南、召南、邶、鄘、卫、王、郑、桧、齐、魏、唐、秦、豳、陈、曹等15个地区的诗歌,共160篇,多数是人民口头创作的民歌。《雅》分《大雅》《小雅》,共105篇,《大雅》多是贵族的作品,《小雅》中有一些诗与《风》诗相类。《颂》分《周颂》《鲁颂》《商颂》三部分,共40篇,是贵族祭祀的乐歌。

《诗经》全面反映了商、周时代的社会面貌,思想内容丰富,具有很高的文学价值和史料价值。特别是《国风》和《小雅》部分,多来自劳动人民的口头创作,富有现实主义精神。如:《豳风·七月》具体描述男女奴隶一年四季的繁重劳动却无衣无食的悲惨生活状况;《魏风·伐檀》表达奴隶们鲜明的阶级意识和强烈的斗争精神;《召南·摽有梅》写女子期待良人的经过,也表现出青春易逝,要珍惜光阴的慨叹。《诗经》生动形象地描绘了劳动人民的婚姻、爱情、劳动生活,表达了劳动人民追求自由、幸福生活的愿望,反映当时社会现实广泛而深刻。此外,一些讽刺性民歌与士大夫政治讽喻诗也深刻揭露了统治阶级的荒淫丑恶和西周末、东周初期的政治

---

① 于非.中国古代文学教程[M].北京:高等教育出版社,2014.

黑暗;一些史诗比较完整地记载了平王东迁前周部族的历史发展轮廓,反映了周初经济和农业的发展情况,如《大雅》中的《生民》《公刘》《绵》等。

《诗经》是我国古典诗歌优秀艺术宝库,句式以四言为主,多采用重章叠句形式,广泛应用赋、比、兴的表现方法,语言丰富多彩,其中"赋"和"比"是诗歌的基本表现手法,"兴"是中国诗歌中比较独特的艺术手法,对诗歌中气氛的渲染和意境的创造都起着重要作用。

(二)先秦散文

春秋战国时期是一个社会发生急剧变化的时代,此时,百花齐放、百家争鸣的文化氛围促进了文学的繁荣,也迎来了文化光辉灿烂的时代,尤其是儒、墨、道、法诸家学说,奠定了中国传统文化的基础,在中国文学史上占有重要一席之地的即是先秦散文。

先秦散文主要可分为历史散文和诸子散文。就大体情况而言,历史散文以叙事为主,诸子散文以说理为主。先秦历史散文中,《尚书》是我国第一部历史文献,《春秋》相传是由孔子修订的战国时期最早的一部编年史。《春秋》记叙了从鲁隐公元年(前722)至鲁哀公十四年(前481)这242年间的各国大事,孔子还按照他自己的观点对事件做了一些评断,选择他认为恰当的字词来暗寓褒贬之意,这就是人们常说的"微言大义",开创了历史散文编年纪事的叙事模式。《尚书》和《春秋》奠定了我国历史散文记言、记事的体例。《左传》是我国第一部叙事详赡的编年体史书,全书30卷,详细记叙了春秋时代各国的政治、外交、社会事件以及某些代表人物的活动。《国语》开创了国别体的叙事体例。《战国策》虽分国记事，却以记战国游士策谋为中心，主要记叙了当时谋臣、策士游说各国或相互辩论时所提出的政治主张和斗争策略。

诸子散文表现出渐次演进的过程，一般分为三个时期：一期是春秋末年和战国初年，主要作品有《论语》《墨子》，二者是语录体，《老子》多用韵，它们都词约义丰；二期是战国中叶，主要作品有《孟子》《庄子》，已表现出专题论说文倾向，文辞更加繁复，说理也畅达；三期是战国末期，主要作品有《荀子》《韩非子》等，说理透辟，论证严密，已是成熟的论说文。①

（三）楚辞与《离骚》

《楚辞》是中国文学史上第一部浪漫主义诗歌总集，也是中国第一部有作者的诗集。由屈原及后学所作，至汉代刘向编辑成书，共16篇，定名为《楚辞》，是中国浪漫主义文学的源头之一，对后世诗歌产生了深远影响，成为中国文学史上的璀璨明珠。《楚辞》中以屈原作品最多，质量最高，他的《离骚》是楚辞的代表作，后人故又称楚辞这种文体为"骚体"。

屈原（约前340—约前278），名平，字原，出生于楚国丹阳秭归（今湖北宜昌），战国时期楚国诗人、政治家。少年时受过良好的教育，博闻强识，志向远大。早年受楚怀王信任，任左徒、三闾大夫，

---

①卢忠萍，李根寿，郑文清.中国传统文化立体化教程［M］.沈阳:辽宁大学出版社，2015.

兼管内政外交大事。提倡"美政",主张对内举贤任能,修明法度,对外力主联齐抗秦。因遭贵族排挤诽谤,被先后流放至汉北和沅湘流域。楚国郢都被秦军攻破后,自沉于汨罗江,以身殉楚国。①

屈原是中国历史上一位伟大的爱国诗人,中国浪漫主义文学的奠基人,开辟了"香草美人"的传统,被誉为"楚辞之祖",楚国辞赋家宋玉、唐勒、景差都受到屈原的影响。屈原作品的出现,标志着中国诗歌进入了一个由大雅歌唱到浪漫独创的新时代,其主要作品有《离骚》《九歌》《九章》《天问》等。他深厚执着的爱国热情,在政治斗争中坚持理想、宁死不屈、追求真理和对现实大胆批判的精神,为后世所景仰。

《离骚》是我国古代最长的一首抒情诗,共 373 句,2490 字。此诗以诗人自述身世、遭遇、心志为中心,前半篇反复倾诉诗人对楚国命运和人民生活的关心,表达要求革新政治的愿望,和坚持理想、虽逢灾厄也绝不向邪恶势力妥协的意志;后半篇通过神游天界、追求实现理想和失败后欲以身殉国的陈述,诗人以崇高理想和炽热的感情,反映出眷念祖国和热爱人民的胸怀。全诗运用美人香草的比喻、大量的神话传说和丰富的想象,形成绚烂的文采和宏伟的结构,表现出积极的浪漫主义精神,并开创了中国文学史上的"骚体"诗歌形式,对后世产生深远的影响。《离骚》中的励志名句"路漫漫其修远兮,吾将上下而求索",成为后世仁人志士所信奉和追求的一种高尚精神。

---

① 周扬.中国大百科全书　中国文学(第Ⅰ卷)[M].北京:中国大百科全书出版社,1986.

二、两汉文学

两汉文学是两汉社会现实生活的反映。由于两汉社会现实生活有着新的内容，所以两汉文学领域有新的开拓，在形式上也有新的发展和创造。其中最富有特色的是汉赋，其次是司马迁的史传散文及乐府诗歌。[①]

（一）汉赋

汉赋是汉代最盛行的文体，王国维称它为汉代的"一代之文学"。据班固《汉书·艺文志》载，西汉有赋作家 60 多人，作品 900 多篇。汉赋的体制是汉代文人为充分反映充满活力的时代面貌和气象，吸取了荀况赋和楚辞的体制而形成完善起来的，它包括骚体赋、散体大赋和抒情小赋三种形式。

散体大赋是汉赋的代表，在体制上最富于创造性。它结构宏伟，以铺张扬厉地铺叙事物为基本特征。汉大赋的代表作家和作品有司马相如的《天子游猎赋》、扬雄的《甘泉赋》和《羽猎赋》、班固的《两都赋》、张衡的《二京赋》等，利用这种文学样式充分地反映了汉帝国的强盛、富足、繁荣的面貌和气象。它富有磅礴的气势，同时又寄寓讽谏意图，反映了当时的一些社会矛盾。汉赋既具有一定的时代意义，也具有一定的思想意义。

（二）史传散文

汉代散文中取得杰出成就的是史传散文。汉武帝时期，司马

---

①于非.中国古代文学教程［M］.北京:高等教育出版社,2014.

迁为了探索历史发展的规律,总结历史经验教训,为大一统的汉王朝提供政治借鉴,在先秦历史散文的基础上,创作出了纪传体史书《史记》。

司马迁(约前 145 年或前 135 年—?),字子长,夏阳(今陕西韩城南)人,西汉史学家、文学家、思想家。司马谈之子,任太史令,被后世尊称为太史公。

公元前 110 年,司马迁回到长安,病危中的父亲向他讲述了想写一部史书的志愿,可惜未能实现,希望司马迁能完成这个遗愿。三年后,司马迁继承父职,任太史令。他广泛阅读宫廷中的藏书和档案,积累了大量历史资料,开始了《史记》的编撰工作。

公年前 99 年,汉将李陵兵败投降匈奴,司马迁为李陵辩解,获罪下狱,遭受腐刑,内心极度痛苦,隐忍苟活。出狱后,他担任中书令,怀着满腔悲愤坚持写作,完成所著史籍,人称其书为《太史公书》(后称《史记》)。

《史记》是中国历史上最早的通史,作品撰写上至上古传说中的黄帝时代,下至汉武帝太初四年间共 3000 多年的历史。此书开创了纪传体史书的形式。

《史记》全书包括十二本纪(记历代帝王政绩)、三十世家(记诸侯国和汉代诸侯、权贵兴亡)、七十列传(记重要人物的言行事迹,主要叙人臣,其中最后一篇为自序)、十表(大事年表)、八书(记各种典章制度,记礼、乐、音律、历法、天文、封禅、水利、财用),共一百三十篇,五十二万六千五百余字。

《史记》被列为"二十四史"之首,与《汉书》《后汉书》《三国志》合称"前四史",规模巨大,体系完备,其首创的纪传体编史方法为后来历代"正史"所传承。《史记》还被认为是一部优秀的文学著作,被鲁迅誉为"史家之绝唱,无韵之《离骚》",历千年而不衰,在中国文学史上有重要地位。

《史记》以"纪""传"体式书写历史人物、事件,这一新颖、独特的文学样式,是对先秦历史散文的创造性的发展。《史记》中的史传文学作品,思想内容丰富深刻,表现了作家进步的历史观和人道主义精神,以及非凡的胆识和勇敢的批判精神。运用丰富多彩而又精练的语言,塑造出许多不同阶层的具有不同性格的历史人物形象。《史记》是历史散文创作的典范,对后世散文创作和发展产生了深远的影响。[1]

继司马迁《史记》之后,东汉班固作《汉书》。《汉书》是一部纪传体的断代史,其中一些纪传篇章,写法细腻,人物性格鲜明,也是比较优秀的史传文学作品。

(三)汉乐府民歌

汉代的诗歌有骚体诗、乐府诗和文人五言诗等形式,其中最有价值的是乐府诗中的民歌。汉代乐府机关,除司马相如等文人"造为诗赋"外,还采集各地的民间歌谣。这些民间歌谣继承了《诗经》民歌的优良传统,"感于哀乐,缘事而发"(《汉书·艺文志》),真实地反映了汉代人民的生活状况,表达了他们的思想感情,是中国古代诗歌中的瑰宝。这些民歌在形式上与《诗经》相比更具有创造性。

---

① 于非.中国古代文学教程[M].北京:高等教育出版社,2014.

汉乐府民歌的出现,在我国诗歌发展史上标志着四言体诗的衰微和五言体诗的兴起。作为汉乐府民歌代表作品的《陌上桑》和《孔雀东南飞》,都是思想性和艺术性成就很高的五言诗。

(四)《古诗十九首》

汉代一些文人向乐府民歌学习,创作了不少五言古诗,从而把五言体诗引入文坛。这些五言古诗为汉代无名氏作品,非一时一人之作,梁代萧统因其风格相近,收入《文选》中,题为《古诗十九首》。这十九首诗的内容,多写夫妇、朋友的离愁别绪和士子生活的惆怅彷徨,语言朴素自然,感情真挚,抒情性很强,表现方式曲折委婉。《古诗十九首》是早期文人五言诗,对中国诗歌的发展影响很大,标志着五言诗在艺术上的成熟。汉乐府民歌和汉末文人五言诗,为魏晋以后五言诗的发展奠定了基础。

总之,汉代文学在内容上有新的开拓,在形式上有新的创造,在艺术技巧上有新的探索,取得了新的成就。它丰富了中国古代文学宝库,对后世文学的发展起了推动作用。

第二节 魏晋南北朝文学

魏晋南北朝文学是指东汉建安元年(196 年)到隋文帝开皇九年(589 年)灭陈这近 400 年间的文学。这一时期是中国历史上大动荡、大分裂,民族融合与民族斗争激烈的时期。

魏晋南北朝时期,文学发生了巨大的变化,产生了文学的自觉和文学创作的个性化。其间以宫廷为中心形成文学集团,集团内出现了一些杰出的作家,如曹植、阮籍、庾信等,但成就最高的陶渊明却不属于任何集团,他以卓尔不群的面貌高居众人之上。魏晋南北朝文学对两汉文学的继承与演化,在五言古诗和辞赋方面痕迹最明显。文人在学习汉乐府的过程中将五言古诗推向高峰。另外,抒情小赋的发展及其所采取的骈俪形式,使汉赋在新的条件下得到发展。

魏晋南北朝的文学理论和文学批评,相对于文学创作异常地繁荣,(魏)曹丕《典论·论文》、(西晋)陆机《文赋》、(梁)刘勰《文心雕龙》、(梁)钟嵘《诗品》等论著,以及(梁)萧统《文选》、(陈)徐陵《玉台新咏》等文学总集的出现,形成了文学理论和文学批评的高峰。

一、建安文学

建安是东汉献帝的年号,建安年间(196—220)是中国社会极大动荡的时期。黄巾起义失败,各地军阀又互相攻伐,社会动乱,社会思潮发生了巨大变化。传统儒学趋向衰微,道家、法家、纵横家的思想再度活跃,人们的思想比较解放。反映在文学创作方面,文人不再"华实所附,斟酌经辞"(《文心雕龙·时序》),作家可以自由抒怀,"寄身于翰墨,见意于篇籍",把文章视为"经国之大业,不朽之盛事"(《典论·论文》)。诗人学习民歌,并运用乐府古题抒发时事感慨。在乐府民歌哺育下,文人五言诗很快成熟起来,形成了群星灿烂的建安诗坛,历代文学评论家都把建安时期看作文学的黄金时代。[1]

建安诗歌远绍《风》《骚》感物吟志的优良传统,近承汉乐府"感于哀乐,缘事而发"(《汉书·艺文志》)的现实主义精神,取材当时现实生活,深切地反映了社会动乱和民生疾苦,强烈地抒发了安定国家的雄心壮志,表现了建功立业的英雄气概和大济苍生的崇高精神。叙事简要真切,抒情真挚而富有个性,语言明朗质朴,形成一种刚健爽朗的风格。在诗歌形式上,五言诗长足发展,诗作题材广阔,有反映社会重大事件的史诗,有个人抒情述志的小诗,扩充了五言诗的艺术领域。在辞采的丰富和描写手法的多样化等方面,也都有新的成就,史称这一时期的文学特色为"建安风骨"。代表作家是"三曹"、"建安七子"和蔡琰。

"三曹"指曹操与其子曹丕、曹植;"建安七子"即指汉末作家孔融、陈琳、王粲、徐幹、阮瑀、应玚、刘桢,他们均能文善诗,且与曹氏父子关系密切。

(一) 曹操

曹操(155—220),字孟德,沛国谯(今安徽省亳州市)人,是汉末杰出的政治家、军事家和文学家,多才多艺,对书法、音乐、围棋都相当精通。曹操一生戎马倥偬,但不废吟咏,有饱经乱世的人生体验,深寓悲悯苍生情怀,写下了许多诗篇,开创了建安文学的新局面,有《曹操集》传世。

---

①于非.中国古代文学教程[M].北京:高等教育出版社,2014.

曹操创造性学习乐府民歌，大都沿用汉乐府古题，但并不因袭古意，而是继承了汉乐府"缘事而发"的精神，用"乐府题目自作诗"，语言质朴，情调慷慨苍凉，充满了强烈的现实主义精神。他的诗歌内容大致可分两大类：一类是抒情诗，抒发了自己的政治理想和抱负，表现他安定天下的雄心壮志，代表作有《短歌行》《龟虽寿》《观沧海》等；另一类是反映汉末战乱的现实和人民遭受的苦难，代表作有《蒿里行》《苦寒行》等。

（二）曹丕

曹丕（187—226），字子桓，曹操次子，公元220年代汉自立，史称魏文帝。他虽想效法汉文帝做一个贤明君主，却放弃了抑制豪强的进步政策，他即位的当年，就采用了陈群制定的"九品中正法"，放弃了曹操兼容并包的用人政策。曹丕的政治态度对他的文学创作产生了很大影响。

曹丕现存诗约40首，或颂出征，或叙宴游，或写离愁别绪，多用乐府形式，语言典雅，情深意永，尤其是一些描写男女爱情和离愁别恨之作，言辞细腻精美，抒情凄婉动人。如《杂诗》《于清河见挽船士新婚与妻别》《燕歌行》等，都真实生动地描摹出游子、思妇缠绵悱恻的感情。其中《燕歌行》尤为著名，描写一位妇女在秋夜无眠思念远出丈夫的心情。诗的音韵很美，是现存较早的完整的七言诗，在诗歌发展史上有创新意义。

曹丕还写了一部学术性的文学理论著作——《典论·论文》，是我国现存的第一篇文学批评和文学理论的专论，也是汉魏之交文学领域一篇具有重大转折意义的纲领性文献。他强调"文以气为主,气之清浊有体,不可力强而致",对后来文论有很大影响。

（三）曹植

曹植(192—232),字子建,曹丕胞弟。曹植少有才华,好文学,深受曹操宠爱,但由于"任性而行",最终失宠。曹操死后,曹植遭其兄压制,41 岁抑郁而死。有《曹子建集》存世。

在建安作家中,历来最受推崇的是曹植。从现存作品看,也以他的为最多,共有诗 80 多首及完整和较完整的散文、辞赋约 40 余篇。曹植生于乱世,又深受曹操影响,所以从青少年时代起,就抱着建功立业的雄心壮志。同时,他又深受时代风气熏陶,养成了一种放纵不羁的性格,对世俗礼教多有蔑视态度,这种救世济物的理想和恃才傲物的性格贯穿他一生,并成为他作品的基本精神。

曹植的诗歌创作,以曹丕称帝为界,分为前后两期。前期诗歌情调昂扬奋进,多数是吐露自己志趣与抒发建功立业的理想抱负之作,代表作有《白马篇》《名都篇》等。《白马篇》中"幽并游侠儿"的形象,正是曹植本人政治理想的体现。

曹操死后,曹植在曹丕的打压下颠沛流离,生活阅历也随之丰富。因此,曹植后期诗作的深度和广度都比以前大有进步,在艺术上也更为成熟,诗歌情调沉郁顿挫,多申诉他遭受压抑的苦闷情怀,如《赠白马王彪》《杂诗(六首)》《野田黄雀行》《七哀诗》等。他通过这些诗篇,控诉了曹丕、曹叡迫害骨肉的罪行,也写出了自己渴望自由和建功立业的心情。

曹植以五言诗名震诗坛，他的诗汲取乐府民歌的艺术成就，在表现手法上也富于独创性，历来为评论者所推崇。他的诗讲究艺术形式，注意辞藻和对仗，诗中警句常放在篇中或篇末，使全诗生色。他很少用典故和奇字，诗篇富有生活气息和真情实感。钟嵘在《诗品序》中说曹植的诗"骨气奇高，词采华茂"，就是指其诗具有雄健的笔力，能够在使用美丽的辞藻时，保持着浑厚的气象，称曹植为"建安之杰"。

曹植的主要贡献虽在诗歌方面，但他的散文和辞赋也不乏佳作。曹植的辞赋抛弃了汉赋堆砌奇字的积习，用华美而不艰涩的文字抒发真情实感，名篇有《洛神赋》《鹞雀赋》等。

（四）建安七子

曹丕在《典论·论文》将孔融、陈琳、王粲、徐幹、阮瑀、应场、刘桢列为建安"七子"。"七子"在中国文学史上具有相当重要的地位，他们与"三曹"一起，构成建安作家的主力军，对于诗、赋、散文的发展都做出了不可磨灭的贡献。

"七子"的创作各有个性，风貌独特。孔融擅长奏议散文，作品体气高妙；王粲诗、赋、散文"兼善"，作品抒情性强；刘桢擅长诗歌，作品气势高峻，格调苍凉；陈琳、阮瑀，以章、表、书、记名闻当世，在诗歌方面也都有一定成就；徐幹诗、赋皆能，文笔细腻、体气舒缓；应场亦能诗、赋，其作品和谐而多文采。王粲的诗歌成就在"七子"中最高，刘勰称其为"七子之冠冕"，作品或记汉末战乱，或写其流落荆州时的羁旅之情和壮志难酬的感慨，代表作是《七哀诗（三首）》。

二、正始至永嘉文学

中国文学史中的正始至永嘉文学，指的是曹魏中后期到西晋的 70 多年间所发生的文学现象，其中主要有正始、太康、永嘉三个文学发展阶段。

（一）正始诗歌

正始是魏齐王曹芳年号，社会正处于由魏到晋的递变时期。曹魏政权后期，司马氏篡夺政权的活动加速进行，统治阶级内部残酷的政治斗争使士人胆战心惊，东汉时代的清议之风不再盛行，取而代之的是以老庄哲学为基础的谈禅说玄。佛教、道教一时勃兴，寻隐、求仙成为文人明哲保身、混世偷生的寄托。这一时期的文学，既没有建安时代的悲凉慷慨，也没有诗人面对现实的壮志雄心。作家多在避祸远害中惴惴不安，或饮酒佯狂，或抑郁曲隐，或啸傲山林，文学创作呈现出一种曲隐晦涩的征象。这一时期出现了七位名士——阮籍、嵇康、山涛、刘伶、阮咸、向秀、王戎，其活动区域在当时的山阳县，七人常聚集于竹林之下，肆意酣畅，故世谓"竹林七贤"。"竹林七贤"中成就最高的是阮籍、嵇康。

阮籍（210—263），字嗣宗，陈留尉氏（今属河南）人，阮瑀之子，做过散骑常侍、步兵校尉等官，后世称阮步兵。《晋书·阮籍传》说他"本有济世志，属魏晋之际，天下多故，名士少有全者。籍由是不与世事，遂酣饮为常"。因他与曹魏关系很深，在司马氏诛杀异己时，更怕遇祸，遂佯狂饮酒，抑郁生活。有《阮步兵集》。

阮籍的诗歌作品主要是 82 首《咏怀诗》，这 82 首诗不是同一时期之作，所咏也非一事，是他长期内心矛盾斗争的产物。诗中多用比兴手法，隐晦曲折，或自述行事志趣，或讥刺社会邪恶，或表现政治压抑下的苦闷危恐，或反映隐居求仙之情。这 82 首诗都是抒情诗，诗人旨在通过主观感受来反映人生，曲折地反映了魏晋之交的社会黑暗。

嵇康散文代表作有《与山巨源绝交书》，诗作有四言《赠兄秀才入军》十八首等。嵇康的诗，以表现其追求自然、高蹈独立、厌弃功名富贵的人生观为主要内容，刘勰《文心雕龙》评为"嵇志清峻"。

（二）太康诗歌

太康是晋武帝的年号。太康时期（280—289）"人咸安其业而乐其事"，这一时期文学作品相对繁荣，出现了三张（张载、张协、张亢）、二陆（陆机、陆云）、两潘（潘岳、潘尼）、一左（左思）的领军人物。

极度腐朽的西晋统治集团荒淫无度，社会风气淫靡败坏，又加之魏末司马氏杀戮文人的气氛过去未久，因而这一时期的诗歌创作还是远离现实斗争，少及民生疾苦。他们发展了建安文学形式华美的倾向，却失去了建安文学的现实批判精神。这一时期许多诗人被卷入政治斗争旋涡，在时事变易中抒写哀愁和苦闷，但他们在创作式技巧方面则不遗余力地追求整齐精致，在音律上追求婉转和谐，在语言上追求声色精美，在句式上追求对偶整齐。

左思，字太冲，齐国临淄（今属山东）人。《咏史》八篇为其诗作代表，虽云咏史，实则借咏史来抒发他对现实的不满，和当时流行的华丽诗风迥然不同,在内容与风格上都是对"建安风骨"的继承和发扬,情调高昂,辞采壮丽,形成独有的豪壮风格,钟嵘《诗品》称之为"左思风力"。左思曾构思十年写成《三都赋》(《蜀都赋》《吴都赋》《魏都赋》),当时竞相传抄,以致"洛阳纸贵"。

陆机也是太康诗坛的代表人物,"少有奇才,文章冠世"(《晋书·陆机传》),与弟陆云俱为西晋时期著名文学家。其诗喜作偶句,注重语言的整饰,骈文亦佳,被誉为"太康之英",代表作为诗歌《赴洛道中作》。陆机还是一位杰出的书法家,他的《平复帖》是我国古代存世最早的名人书法真迹。

(三)永嘉诗歌

永嘉(307—313)是晋怀帝的年号,永嘉、建兴是西晋末期,这是中国历史上动乱的时代。受社会形势影响,这时期的文学创作较之太康时期另有特色。此时的文人已无心情注重文字的雕琢,"太康八文人"的诗风此时已不复见,此时所盛行的诗风,以遁世思想为主要创作灵感来源。反映民族斗争的作品,多带有爱国激情;反映社会动乱的作品,则借游仙抒发愤世之情。代表作家是刘琨和郭璞。刘琨的诗歌充满家国离乱的悲痛,处处可看到力挽狂澜的佳作。郭璞述及神仙、黄、老时,就能跳脱感伤、遁世之情,比较能发乎实际。

(四)陶渊明

从西晋建立到东晋灭亡的 100 多年间,产生了左思、刘琨、郭璞、陶渊明等一批杰出和优秀的诗人。其中以陶渊明成就最高。

　　陶渊明（365 或 372 或 376—427），字元亮，浔阳柴桑（今江西九江西南）人。陶渊明出生在一个没落的官僚家庭，父亲早逝，青少年时期家境贫寒。29 岁出任江州祭酒，不久辞官归隐。十多年后再次出仕，因"不愿为五斗米折腰向乡里小儿"，做了 80 多天彭泽令后，再次辞职归隐，从此"躬耕自资"，一直在田园中生活了22 年，在贫病交加中去世，时年 63 岁。

　　陶渊明的诗歌、散文、辞赋都有很高成就，诗歌的成就尤为突出，开创了诗歌中的田园诗派，被称为"古今隐逸诗人之宗"（钟嵘《诗品》）。其传世作品共有诗 120 余首，文 10 余篇，诗歌代表作有《饮酒》《归园田居》等，《桃花源记》《五柳先生传》《归去来兮辞》是散文传世名篇，后人编为《陶渊明集》。后世的大诗人，如李白、杜甫、苏轼、陆游等无不对陶渊明推崇备至。

　　陶渊明创作诗歌，不单纯是为了自娱，更重要的是为了反映他的生活，表现他的思想感情。他在具有自传性质的《五柳先生传》中说："常著文章自娱，颇示己志。"他的诗歌，继承了汉魏以来文人五言诗抒情化、个性化的传统，是他生活和情感的真实反映。他一生大部分时光都生活在田园之中，把田园风物和田园生活大量写入诗篇，开辟了诗歌的新天地，为诗歌的发展做出了巨大贡献。因此，文学史上称他为田园诗人。[①]

　　他有相当多的诗作描写了田园景色以及他劳动、采菊、观山、春游、登高、饮酒、赋诗、弹琴、读书、会友等怡然自乐的生活，反映

---

①于非.中国古代文学教程［M］.北京：高等教育出版社,2014.

了朴素的田园风物之美,表现了诗人对宁静自由的田园生活的热爱,彰显出诗人恬淡旷远的襟怀、孤傲高洁的品格,有很高的思想价值和美学价值。

三、南北朝文人诗歌

南朝刘宋时代,谢灵运以山水自然为独立的审美对象,创作了大量的山水诗,丰富了中国诗歌的题材内容,加强了诗歌的艺术表现力。鲍照的七言歌行体,为七言体诗的发展拓宽了道路。谢灵运、颜延之与鲍照,合称为"元嘉三大家"。谢灵运是第一位全力创作山水诗的诗人,其现存诗近百首,其中38首可称得上是较为完整的山水诗。在他的山水诗中,山水是充满新鲜感甚至是陌生感的或幽深或明丽的景观,为读者呈现出如同实景而又超越实景的诗化的"自然"。同时,其山水诗以"言志"为旨归,自然山水又是他抒发情感的载体,总是蕴含着作者主观的情绪。形成了谢灵运山水诗独特的自然、人文韵味。山水诗在晋宋勃然而兴,其功首推谢灵运。

南朝齐永明年间,周颙发现汉语四声,沈约又将四声知识运用于诗歌创作中,强调诗歌创作的声律和对偶。因这种诗歌已不同于传统五言古体诗,故被称为"新体诗",又因其形成于永明年间,故又被称为"永明体"。"永明体"诗人中,沈约、谢朓的成就最高。

北朝诗坛较为沉寂,后期南方文人北来,南北文化交融,庾信、王褒、颜之推,都是由南入北后诗风有所转变的南方诗人。庾信是由南入北最著名的诗人,他饱尝分裂时代特有的人生辛酸,却结出了"穷南北之胜"的文学硕果。

四、南北朝乐府民歌

南北朝乐府民歌是汉乐府民歌之后的又一批人民口头创作,反映南北朝的社会现实,创造了新的艺术形式和风格。由于南北方的经济、政治、文化以及自然环境、民族风习不同,南北方民歌的内容、风格大不一样。南方民歌以南朝乐府为主,包括东晋作品,现存约 500 首;北方民歌以北朝乐府为主,包括十六国的作品,现存约 70 首。现都保存在宋人郭茂倩编选的《乐府诗集》中。

南朝和汉代一样设置乐府机关,采集民歌配乐演唱,以供统治阶级娱乐。它所搜集的民歌,产生地区多在城市,题材比较狭窄,多是情歌。主要有《吴声歌》《西曲歌》和《神弦歌》三部分。如今所见南方乐府民歌,多是采自江南都邑,很少来自乡野农村,在采集过程中经过文人的选择与加工润色。

南朝乐府民歌多为情歌,是形式短小的抒情诗,只有《杂曲歌辞》中的《西洲曲》篇幅较长,是描写一个少女倾诉相思之情的闺情诗。诗中分春、夏、秋、冬四季,结合季节和劳动特征,来抒发对爱人的思念之情。整首诗写得细腻缠绵,是一首绝妙佳作,标志着南朝乐府民歌发展的最高成就。

北朝乐府民歌虽然数量不及南朝多,但题材范围比南朝乐府民歌广泛,内容也相对丰富。它们之中有慷慨的战歌,有奔放的牧歌,有描述苦难生活的悲歌,也有思绪缠绵的情歌。这些民歌辞情慷慨,情调明朗豪放,抒写了北方人民粗犷、率直、英武的性格,从多方面反映了北方社会的生活状况。

北朝乐府民歌也多是抒情小诗,但像南朝诗歌《西洲曲》一样,北朝也有长篇叙事诗《木兰辞》。《木兰辞》塑造了一个光彩夺目的女英雄木兰形象,以典型的现实主义与浪漫主义结合的艺术手法,在中国文学史上占有重要地位。木兰从军这个典型事件,它的思想意义是深远而多方面的。它打破了封建社会中男尊女卑、男强女弱的观念,宣布女人和男人一样,不仅能织布裁衣,同样能行军打仗,还可能成为战场上的英雄。木兰身上体现了中国劳动妇女的坚贞与气节。

第三节 唐宋文学

公元 589 年,隋文帝统一中国,结束了南北分裂的局面。但隋代存国仅 30 多年,其文学主要是前代文学的延续,同时也出现一点清新刚健的气息。总的来看,它只是由南北朝入唐的一个极为短暂的过渡。公元 618 年,李唐王朝建立,中国从此进入一个鼎盛时期——唐朝。

一、唐代文学

唐代（618—907）是我国封建社会的鼎盛期，唐代文学在这一社会背景下进入空前繁荣的新阶段，是我国古典诗歌发展的全盛时期。这一时期，诗人辈出，名作如林，不仅有李白、杜甫这样的伟大诗人，还有陈子昂、王维、孟浩然、高适、岑参、白居易、韩愈、刘禹锡、李贺、杜牧、李商隐等一大批优秀诗人，更加令人惊叹的是连帝王将相、朝士布衣、童子妇人也都投入诗歌创作。仅《全唐诗》及《全唐诗外编》所录，就有诗人 2000 多位，诗歌总量达 51 000 多首。

由于古文运动的胜利，唐代散文最终战胜了骈文，得到了很大发展，涌现了一批古文作家，创作了许多优秀作品，对宋以后的散文发展产生了深远影响。唐传奇的出现，标志着我国短篇小说创作进入成熟阶段。词在初唐产生，在盛唐、中唐得以发展，到晚唐、五代成熟定型，出现了温庭筠、李煜等一大批著名词人，为宋词繁荣开辟了道路。此外，变文、俗赋等通俗文学在民间也广泛流传。唐代文学确实呈现出一派全面繁荣的景象。

唐初统治者在政治经济文化方面的一些基本决策，既是巩固国家政权的重要措施，也是促进文学繁荣的重要条件。这些政策措施，体现了最高统治阶层在政治上的眼光和魄力，为唐代文学创作的发展繁荣创造了较宽松的思想政治氛围，使唐代文学得到全面繁荣，尤其是诗歌创作很快形成高峰。

唐诗的题材非常广泛。有的从侧面反映当时社会的阶级状况和阶级矛盾,揭露了封建社会的黑暗;有的歌颂正义战争,抒发爱国思想;有的描绘祖国河山的秀丽多娇;此外,还有抒写个人抱负和遭遇的,有表达儿女爱慕之情的,有诉说朋友交情、人生悲欢的,等等。总之,从自然现象、政治动态、劳动生活、社会风习,到个人感受,都是诗人笔下的创作题材。在创作方法上,既有现实主义的流派,也有浪漫主义的流派,而许多伟大的作品,则又是这两种创作方法相结合的典范,形成了我国古典诗歌的优秀传统。

唐诗的发展,一般分为初唐、盛唐、中唐、晚唐四个时期。

（一）初唐诗歌

初唐是指高祖武德元年至玄宗开元元年(618—713)这一时期,是唐诗繁荣的准备时期,重要诗人有被称为"初唐四杰"的王勃、杨炯、卢照邻、骆宾王,还有陈子昂、沈佺期、宋之问等。唐代初期诗歌仍沿着南朝诗歌的惯性发展,柔靡纤弱,毫无生气。"四杰"的出现开始转变了这种风气,他们才气横溢,不满现状,通过自己的诗作抒发愤激不平之情和壮烈的怀抱,拓宽了诗歌题材。

继"四杰"而起的是陈子昂,他从理论上对南朝以来衰弱的诗风提出批评,认为这类诗追求辞藻华丽,内容却极为空虚,抛弃了《诗经》重视思想性的传统,提倡学习"汉魏风骨",恢复建安时代的诗风。他的38首《感遇》诗,实践了自己的主张,在当时诗坛影响很大。初唐诗人的不懈努力,为唐诗的健康发展开拓了前进道路。

（二）盛唐诗歌

盛唐指开元元年至代宗大历元年（713—766）这一时期，诗歌创作达到了繁荣的顶峰。它的前阶段也即开元时期，充满蓬勃向上精神的积极浪漫主义成为诗歌主流。诗人们追求风骨、兴象，追求自然之美，诗歌中形成高昂雄浑、阔大恢宏的盛唐气象。这一时期的诗坛名家辈出，佳作如林，形成了后世文学极度艳羡的"盛唐诗风"。

盛唐诗坛上有两个著名的诗歌流派。一是以王维、孟浩然为代表的山水田园诗派，以清丽淡雅的笔墨，发掘山水田园中的诗情画意，情景交融，与六朝山水诗的风格迥然不同；二是以高适、岑参、王昌龄为代表的边塞诗派，描写苍茫辽阔的边关壮美景色，洋溢着激扬慷慨的盛世豪情。诸多诗人以丰富多彩的作品，从不同角度反映了社会现实，为唐诗增添了新的光彩。

这一时期，大诗人李白和杜甫无疑是盛唐"众星"中最为璀璨的两颗星。

李白（701—762），字太白，号青莲居士，又号"谪仙人"，祖籍陇西成纪（今甘肃静宁），是一位伟大的浪漫主义诗人，被后人誉为"诗仙"，与杜甫并称"李杜"，为了与后来的另两位诗人李商隐与杜牧（"小李杜"）区别，世人将杜甫与李白称为"大李杜"。李白存诗900余首，有《李太白集》传世。

儒、道、侠三类思想在李白身上都有表现：儒家"穷则独善其身，达则兼济天下"的思想，在他身上表现为安社稷、济苍生的政治理想;道家追求绝对自由、蔑视世物、超脱尘世的人生观,在他身上表现为豪纵旷达的品格和求仙界生活的愿望;游侠思想在他身上表现为轻视传统、重诺轻物的行为。本来,儒、道、侠三种思想是有矛盾的,但在李白身上却有所统一。这种独特的思想,对李白的诗歌创作有深刻的影响。他的诗气势雄肆奔放、想象奇特瑰丽、风格飘逸不群、语言清新自然,抒写其济世拯物、忧怀民艰的理想抱负,以及傲视权贵、高蹈世外的胸襟品格,集中表现盛唐时代的精神风貌。这在其《将进酒》《行路难》等诗作中有突出表现,是浪漫主义诗派中最伟大的代表。

"安史之乱"后,唐帝国由盛转衰,杜甫的诗歌全面深刻地反映了那个特定历史时期社会生活的真实面貌,表现为另一种盛唐之音。

杜甫(712—770),字子美,祖籍襄阳(今属湖北),其曾祖时迁居巩县(今河南巩义),尝自称"少陵野老"。杜甫是晋代名将杜预之后,祖父杜审言是武则天时期著名诗人。一生诗歌创作颇丰,现存 1400 首,有《杜少陵集》传世。杜甫之诗号称"诗史",其"三吏(《新安吏》《石壕吏》《潼关吏》)""三别(《新婚别》《无家别》《垂老别》)"之作,是"安史之乱"前后社会现实的真实记录,深刻写出了民间疾苦及在乱世之中身世飘荡的孤独,揭示了战争给人民带来的巨大不幸和困苦。忧国忧民的沉痛情感,乱世漂泊的生命感叹,圆熟生新的语言锤炼,形成杜甫诗歌"沉郁顿挫"的风格。可以说杜甫是集前人之大成的伟大的现实主义爱国诗人。

李白和杜甫的诗歌在我国诗歌史上具有划时代的意义，代表的不仅是盛唐，也是整个中国古典诗歌的最高成就，其流风余韵，泽被后世，影响深远。

（三）中唐诗歌

承继盛唐而下，中唐是唐诗发展的又一个高峰。一般以唐代宗大历年至唐文宗大和年之间（766—836）为中唐时期。天宝十四载（755）冬，安禄山于范阳谋反，史称"安史之乱"，成了唐代社会由盛转衰的分水岭。逐渐深化的社会矛盾向诗人们提出了贴近现实、反映民生的迫切需要，而相对稳定的社会环境为诗人提供精心创作的时机，对诗歌的抒情、技巧、风格的探索也成为诗歌创作的重要内容，诗歌的个人风格异彩纷呈。中唐前期出现"大历十才子"、李益、刘长卿、韦应物等人，继承盛唐余韵而稍有变化；贞元、元和年间的张籍、王建、元稹、白居易等人重写实、尚浅俗，韩愈、孟郊等人重主观、尚怪奇，两大诗派并立，中唐诗歌取得突破性成就。刘禹锡、柳宗元、李贺、贾岛、孟郊等都各树一帜，也是这一时期的杰出代表。

韩愈（768—824），字退之，河阳（今河南孟州南）人，世称"韩昌黎""昌黎先生"。韩愈是唐代古文运动的倡导者，苏轼称他为"文起八代之衰"，被后人尊为"唐宋八大家"之首，与柳宗元并称"韩柳"，有"文章巨公"和"百代文宗"之名。后人将其与柳宗元、欧阳修和苏轼合称"千古文章四大家"。他提出的"文道合一""气盛言宜""务去陈言""文从字顺"等散文的写作理念，对后人很有指导意义。有《韩昌黎集》传世，代表诗作有《早春呈水部张十八员外二首》，文有《论佛骨表》《师说》《进学解》等。

柳宗元（773—819），字子厚，河东解县（今山西运城）人。柳宗元现存诗文作品达600余篇，其诗得《离骚》之余味，常寄托幽思于自然景物之中，淡泊简朴却耐人寻味；其文的成就大于诗。骈文有近百篇，散文论说性强，笔锋犀利，讽刺辛辣。游记写景状物，多所寄托。有《河东先生集》传世，代表作有诗《溪居》《江雪》《渔翁》，文《永州八记》等。

白居易（772—846），字乐天，原籍太原（今山西太原），后迁居下邽（今陕西渭南北）。少经离乱，贞元进士，被贬为江州司马，后历任忠州、杭州、苏州诸州刺史。晚年居于香山寺，号"香山居士"。白居易与元稹、张籍等人倡导新乐府运动，世称"元白"，与刘禹锡并称"刘白"。致力于讽喻诗，而其闲适抒情之作，博得当世与后人的喜爱与传诵。平易通俗，深入浅出，是其诗歌的最大特点。有《白氏长庆集》传世，代表诗作有抒情长诗《长恨歌》《卖炭翁》《琵琶行》等。

（四）晚唐诗歌

唐王朝灭亡之前的80年，国势急剧衰颓，这一时期的诗歌也蒙上浓重的感伤色彩。李商隐的诗感怀时事，思绪绵密，境界朦胧；杜牧的咏史诗作，借史写实，寄寓幽深，情境凄迷。李商隐和杜牧并称"小李杜"，二人创造了唐诗的最后辉煌。皮日休、聂夷中、杜荀鹤等人继杜甫、白居易的揭露社会黑暗的诗篇，感伤沉郁，无复盛、中唐诗人的胸襟胆识了,从他们诗里,可以看到唐朝国势衰微、统治摇摇欲坠的景象。

二、宋代文学

中国历史将宋代分为两个阶段:从 960 年赵匡胤建国、定都汴京,至 1127 年靖康之变时徽、钦二帝被掳北国,史称北宋;从 1127 年高宗赵构称帝商丘,后建都临安,至 1279 年崖山战败,皇帝赵昺(bǐng)与赵宋皇族 800 余人跳海殉国,南宋彻底灭亡,史称南宋。与其并存的辽政权自 907 年至 1125 年,金政权自 1115 年至 1234 年,相继统治中国北方。

有宋一代,阶级矛盾与民族矛盾始终复杂交织,这种特殊的历史及政治局面,对宋代文学的发展产生了极其深刻的影响。

宋代各种文学样式中,词的成就最高。词兴起于唐,发展于五代,到宋代进入鼎盛时期。宋词是一种相对于古体诗的新体诗歌之一,为宋代文人智慧精华,标志宋代文学的最高成就。宋词的句子有长有短,是和乐的歌词,故又称曲子词、乐府、乐章、长短句、诗余、琴趣等。《全宋词》所载作品近两万余首,大小词人 1400 余位。唐诗、宋词堪称中国古代文学双璧。

宋词名家辈出,流派众多,宋词分婉约派与豪放派。婉约,即婉转含蓄,其特点主要是内容侧重儿女风情,结构深细缜密,音律婉转和谐,语言圆润清丽,有一种柔婉之美。婉约派的代表人物有柳永、张先、晏殊、晏几道、欧阳修、秦观、贺铸、周邦彦、李清照、李煜等。

欧阳修的《踏莎行》是婉约派的代表作之一，词中写春愁、相思之情，清丽明媚，语近意深。柳永的词在当时流传最广，有"凡有井水处，皆能歌柳词"之说，以《八声甘州》最为著名，其词曲舒缓，所填之词表现力强，词句通俗化、口语化，无论在内容上还是艺术上都具有创造性。李清照有"千古第一才女"之称，有人将她与李煜并论，称"词中李后主，女中李易安"。其词以其南渡为界，分前后两个不同历史时期，前期风格活泼清新、细腻婉转，大多抒写闺情，如《醉花阴》（薄雾浓云愁永昼）；后期作品主要写个人不幸的遭遇，蕴含国家衰亡的沉痛感慨，风格沉郁忧伤、苍凉凄楚，代表作有《声声慢》（寻寻觅觅）等。婉约词在北宋词坛占绝对优势，几乎是婉约词一统天下。

豪放词的兴起要晚得多。虽然宋初词坛也偶尔出现一些一洗晚唐、五代以来的脂粉气味和婉约情调的即景抒情、风格豪放的作品，如范仲淹的《渔家傲》、欧阳修的《采桑子》等，但毕竟是少数，不足以影响当时词坛风气。到北宋中叶，苏轼率先革新词风，他一方面打破了"词为艳科"的题材领域，抒写了大量记游、咏史怀古、议政词，将视线投向更为广阔的社会人生及政治舞台，从而完成了词从伶工歌女之歌词向士大夫抒情诗的转变；另一方面他的创作一改宋初词人镂金错彩的作风，吸收陶渊明、李白、杜甫、韩愈等人的诗句入词，给人一种豪放、高妙、飘逸的感觉，开创了词坛上另一个重要流派——豪放词派。他的豪放词派代表作很多，广为传诵的有《水调歌头·中秋》《念奴娇·赤壁怀古》等。

靖康之难后，战事纷仍，婉约词赖以生存的社会环境不再存在。以辛弃疾为首,陈亮、刘过等人为主流的爱国词人,把爱国主义的主题变成当时词坛的主旋律,他们继承和发扬苏轼倡导的豪放词风,并以慷慨激昂和沉郁悲凉两种倾向充实和丰富了豪放风格,从而全面实现了与婉约词的分道扬镳。从此,豪放词与婉约词平分秋色,各放异彩,这种局面一直持续到明清时期。

宋代作家在前代作家的业绩基础上做出了新的拓展,话本小说、宋杂剧的出现为后世的章回小说和杂剧传奇戏曲的成熟繁荣奠定了基础。

第四节　元明清文学

一、元代文学

元代文学上承金代,实际包括从元朝建国到灭金,再到 1368 年元朝灭亡这一时期的文学。元代文学有着独特的时代特色。

第一,思想开阔,着重表现主观的思想情绪。元代人民武功赫赫,幅员空前辽阔,尚武的蒙古族不仅以其慷慨悲壮的马上杀伐之声有力地改变了宋代遗留下来的萎靡之气,而且冲击了南宋程朱理学的至尊地位。他们推崇一切宗教来取代佛教的独尊,加之各民族混处而互相融合渗透,思想文化呈现出多元化和相对活跃的局面。

第二,深受民族民间文艺的影响,崇尚自然,具有刚健质朴的文风。特别是前期杂剧,直接来自宋金时代民间流行的杂剧、院本、诸宫调、说话、俗曲民谣等,它们那"历历从头说细微"(罗烨《醉翁谈录》)的世俗生活题材,那"大抵全以故事世务为滑稽"(耐得翁《都城纪胜》)的创作倾向,自然质朴、清新刚健的艺术风格,都被元杂剧继承下来。

第三,使用了特有的方言、口语、俗话和大量具有民族色彩和地方色彩的特殊语汇,使元代文学在语言风貌上与唐、宋、明、清文学有明显区别,表现出特有的审美特点,具有鲜明的时代特色。

元代文学以杂剧的成就为最高。杂剧的兴盛,既有特定的社会历史条件,又是中国戏剧艺术发展的必然。在中国文学史上,它和"汉赋""唐诗""宋词"并称,代表着每个时代高峰的文学。

元杂剧是在宋杂剧、金院本的基础上发展起来的一种新兴的戏剧文学,产生于金元之际,到元成宗时臻于极盛。其发展大体以元成宗大德末年为界分为前期和后期。前期作家的作品内容主要反映了元灭金至南北统一前后中国北方的社会现实。这一时期,才人辈出,名作如林,是元杂剧发展的鼎盛时期。具代表性的作家有关汉卿、王实甫、马致远、白朴等。后期创作中心转向南方的杭州。这个时期的作家和作品的成就远逊于前期。作家中成就较突出的有郑光祖、乔吉、宫天挺、秦简夫等。

关汉卿(约 1234—1300),字汉卿,号已斋叟,大都(今北京)人,也有解州(今山西运城)人之说,元杂剧奠基人,与白朴、马致远、郑光祖并称为"元曲四大家",关汉卿居首。

关汉卿一生的戏剧创作十分丰富。剧目有 60 多个,剧本大多散佚,是我国戏剧史上作品最多、成就最大的一位作家。他的杂剧题材广阔、结构严谨、形象活泼鲜明、语言泼辣质朴,独具特色,深刻地揭露了元代腐朽黑暗的社会现实,《窦娥冤》《救风尘》《望江亭》《鲁斋郎》《单刀会》都是脍炙人口的作品。他的《窦娥冤》是元剧中最优秀最光辉的剧本,犹如一篇声讨元代统治者的檄文,通过纯洁、善良的窦娥的悲剧,揭露了元代社会高利贷盘剥、地痞流氓横行和官吏贪赃枉法、草菅人命的罪行,鞭挞了元代社会的混乱、畸形和吃人的丑恶本质。① 王国维在《宋代戏曲史》中认为《窦娥冤》"即列之于世界大悲剧中,亦无愧色也"。

王实甫《西厢记》被认为是元杂剧的压卷之作,鲜明地提出了"愿普天下有情的都成了眷属"的进步的婚姻理想,与关汉卿的《拜月亭》、白朴的《墙头马上》、郑光祖的《倩女离魂》并称为元曲的"四大爱情剧"。

北曲杂剧在元末渐趋式微,这时一直活跃于南方民间的南曲戏文——南戏日渐兴盛。在传世的十多种南戏剧本中,元末明初流行的《荆钗记》《刘智远白兔记》《拜月亭》《杀狗记》四大南戏和高明的《琵琶记》最为著名,尤其是《琵琶记》,对后来的明清传奇产生极大影响。

散曲是金元时期流行乐曲的曲词,之所以称"散",是相对于元杂剧整套剧曲而言的。散曲在形式上分为小令和套数两种。小令又叫"叶儿",是单支小曲,只用一个曲牌,且一韵到底。套数又称

---

①中国戏曲研究院.中国古典戏曲论著集成[M].北京:中国戏曲出版社,1959.

散套、套曲,是由两支以上属于同一宫调的曲子联合而成的组曲。套数要求一韵到底,一般都有尾声。

元散曲的发展基本是以元成宗大德年间(1297—1307)为界分为前后两个时期。前期著名作家有王和卿、关汉卿、马致远、白朴等,曲作风格朴实自然。其中马致远成就最高,影响最大,所作《天净沙·秋思》,借秋日意象叠加所构成的画面,抒发一种萧瑟秋日的怀乡之愁、迟暮之感,用语浅显易懂,"纯是天籁",周德清在《中原音韵》中誉之为"秋思之祖"。后期作家中著名的有睢景臣、张养浩、张可久、乔吉等,他们的散曲逐渐趋向华丽工整,与前期作家的风格颇有不同。其中睢景臣的套曲《般涉调·哨遍·高祖还乡》、张养浩《山坡羊·潼关怀古》是元后期散曲中的经典之作。

二、明代文学

明代文学是指 1368 年明朝建立到 1644 年明朝灭亡这一历史时期的文学。

明代文学的演变发展大致可分为两个大的阶段:从明初到正德年间是明代文学的前期,从嘉靖年间到明亡是明代文学的后期。这两个阶段的文学有着显著的不同,有鲜明的时代特点。这种变化和特点,是社会经济、政治、文化和哲学思潮发生变化的必然结果。

明代出现了长篇章回小说。章回小说是我国古代长篇小说的唯一体裁,开山之作是《三国志通俗演义》。全书分有若干卷,卷中又分若干节,有目录,已经具备了章回小说的基本特征。《三国志通俗演义》描写了东汉末年"魏、蜀、吴"之间尖锐的政治斗争、军事斗争、外交斗争,它以虚实相间的艺术观念、类型化的人物塑造法、从全知全能到限知限能的叙事方式以及独特的扇形网状结构,形象反映当时三国各方面的情况。

《水浒传》也是一部长篇巨著,全书描写了 108 名英雄好汉被逼上梁山的经过,梁山事业的发展壮大以及梁山起义最终失败的结局。其中很多英雄,如鲁智深、林冲、杨志、石秀等人物都刻画得栩栩如生。

明后期出现的小说创作高潮,引发了历史演义和英雄传奇小说的创作热潮。吴承恩《西游记》和兰陵笑笑生的《金瓶梅》,又开辟出神魔小说和世情小说两大题材。

在神魔小说中,成就最大的是《西游记》,其次是《封神演义》,它们在中国小说发展史上都有一定地位。《西游记》不仅塑造了体现民间理想的孙悟空形象,而且赋予这神怪故事以现实内容,使许多神佛形象带有人间色彩,不少描写实际上是对当时社会的嘲讽,在形象塑造上,将人性、神性、动物性有机交融,妙趣横生。《封神演义》比较成功地塑造了暴君纣王的形象,也写出了武王伐纣的正义性;另一方面,作品又描写了人数众多的文臣武将为他效力,对这些人物作者不仅不采取嘲讽的态度,还歌颂他们这种"清风耿流千载"的壮烈行动。小说既描写了暴君形象,也强调了忠君思想。

与以往长篇小说取材于历史故事和神话传说的传统不同,《金瓶梅》借一个家庭的兴衰起伏反映广阔的社会人生,开世情小说之先河,它的出现标志着我国古典小说的发展进入了新阶段。小说通过对西门庆勾结官府、淫人妻女、为霸一方等种种恶行的描写,深刻地暴露出被金钱腐蚀了的封建官僚机器已彻底腐烂,对腐朽的封建统治集团进行了不遗余力的抨击。

收集白话短篇作品较多而且对后世影响较大的是明末天启年间冯梦龙编辑的"三言"(《喻世明言》《警世通言》《醒世恒言》)。三书都包括宋元话本和明人的拟话本两部分。其后,凌濛初模仿"三言"创作了《初刻拍案惊奇》和《二刻拍案惊奇》,合称"二拍"。均为拟话本。"三言""二拍"是明代白话短篇小说的代表作品。

三、清代文学

清代是我国最后一个封建王朝。清代文学集封建时代文学发展之大成,是古代文学的一个光辉总结。各种文体齐头并进,全面繁荣,诗、词、散文等传统文学样式得到复兴,又产生了小说、戏曲、民间讲唱等新兴文学样式。

清初戏曲,无论在创作还是理论上均取得较高成就。其中洪昇《长生殿》、孔尚任《桃花扇》,借离合之情,写兴亡之感,艺术上也颇多创新,代表了清代传奇的最高成就。

《长生殿》把唐玄宗李隆基与杨贵妃的爱情悲剧放在"安史之乱"前后的背景上描写,抨击了封建统治阶级政治、生活的腐朽,反映了更为深广的社会矛盾,在歌颂真挚爱情方面贯注了作者的理想,情节动人,具有浓厚的抒情气氛。

《桃花扇》以侯方域、李香君的离合之情为主线,抒写南明福王弘光覆灭,以至明室 300 年衰败的兴亡之感,历史真实与艺术真实成功结合,描写清兵入关前后的史事。全剧结构紧密,表现了处在被侮辱、被压迫地位却有高贵品格的李香君,塑造了一个坚守民族气节的爱国妇女形象。

清代戏曲在乾隆中期以后逐渐走向衰落,但在民间流行的各种地方戏却蔚然兴起,对长期主导剧坛的昆曲形成威胁,尤其是乾隆末年京剧的形成,不仅形成了"花雅之争"的繁盛局面,也为这一时期寂寥的剧坛吹进了一股清新的风气。

清初至乾隆时期是中国小说史上继明代之后又一个小说创作和传播的高峰时代,明代许多伟大优秀的小说在这时都得到了重印以及更广泛流传的机会。清代文人作家也创作了数量众多的伟大和优秀的小说,拟话本结束了改编旧作的老路,爱情婚姻小说雅化,蜕变为才子佳人小说。短篇文言小说集有《聊斋志异》、长篇世情小说《醒世姻缘传》、英雄传奇《水浒后传》、才学小说《镜花缘》、讽刺小说《儒林外史》和不朽巨著《红楼梦》等。其中《红楼梦》《儒林外史》《三侠五义》是杰出代表。它们的出现,标志着中国古代白话小说和文言小说艺术的最高成就。

清初小说中,文言短篇小说独放异彩,蒲松龄的集古代志怪、传奇之大成的文言短篇小说集《聊斋志异》,记载了"神仙狐鬼精魅"故事。该书"用传奇法,而以志怪"(鲁迅《中国小说史略》),赋予了化妖狐魅以人性人情,令人不觉其可怖可憎,反觉其"和易可亲"。其中如《婴宁》《连城寺》是广为传诵的名篇。

《儒林外史》是清代吴敬梓创作的一部杰出的现实主义长篇讽刺小说，是中国古代讽刺文学的典范。吴敬梓对生活在封建末世和科举制度下的封建文人群像的成功塑造，以及对吃人的科举、礼教和腐败事态的生动描绘，使他成为中国文学史上批判现实主义的杰出作家之一。《儒林外史》不仅直接影响了近代谴责小说，而且对现代讽刺文学也有深刻的启发。现在，《儒林外史》已被译成英、法、德、俄、日等多种文字，成为一部世界性的文学名著。

《红楼梦》是中国古代最伟大的长篇小说，也是世界文学经典巨著之一，作者曹雪芹。现通行的版本是由高鹗续全的，共一百二十回。书中以贾、史、王、薛四大家族为背景，以贾宝玉、林黛玉爱情悲剧为主线，着重描写荣、宁两府由盛到衰的过程。全面地描写封建社会末世的人性世态及种种无法调和的矛盾，从更为深广的意义上批判了腐朽的封建制度，揭示了封建社会走向灭亡的必然趋势。《红楼梦》的艺术表现美轮美奂，人物众多而人人有其神韵，结构布局浑然天成，语言表达具有"追魂摄魄"之魅力。

嘉庆、道光时期，小说创作逐渐衰落，或模仿《红楼梦》，或借小说以炫耀才学，基本上只有李汝珍的《镜花缘》借奇国异闻以针砭现实，稍有新意。

第五节　中国古典文学与老年生活

"老"字,《说文解字》注为"须发变白也"。"须发变白"是岁月沉淀的结果,在这漫长的人生历程中,老年人积累了丰富的知识和经验,成为宝贵的家庭财富和社会财富。俗语云:"家有一老,如有一宝。"在古典文学的延续、发展过程中,老年群体起着举足轻重的作用。

首先,学习古典文学最大的好处,就是能够激活人的心灵。无论你是年近古稀,还是耄耋之年,阅读古典文学,都可以使你的心灵富有激情和充满活力。庄子云:"哀莫大于心死,而身死次之。"如果一个人完全沉溺于物欲之中,或日日悲叹生命已如夕阳,而对精神层面的东西丝毫不感兴趣,那实在是悲哀的事情。我们可以靠人文知识来培养和提高人的人文素质,摆脱悲观情绪,而中国古典诗词能起到这种作用。因为古典诗词中有种"感发生命"的力量,它由诗人传达给读者,而且可以不断生长,生生不息地流传下去。这种感发的生命力,可以使你的心灵活泼起来,永不衰老。

中国古典文学中有大量文字构建了老年群体积极健康的个人形象和社会形象,是千百年来民众在生产生活实践中总结提炼出的智慧结晶,体现了中华民族重要的审美标准、价值取向和道德观。如"朱颜鹤发""鹤发松姿",描写老人仙风道骨的飘逸之貌;

"宝刀未老""老成持重"等成语,从谋略、通晓事理等角度展示了老年人深谙世事、经验丰富的特征;"年高有德""德高望尊"等成语从"德""贤"等多个角度记录和描写老年人品德;"老当益壮""老骥伏枥"等成语描述了老年人壮心不已、昂扬向上的精神风貌。

其次,阅读古典文学,可以更好地理解自己。文学描绘的是人的悲欢离合、爱恨情仇。好的文学作品背后都是活生生、丰富而立体的人。这个人既可以是作者,也可以是书中人,更可以是读者。我们都能在文学作品中,重新发现自我和人性。"文学就是人学",就是人的情感和心志的表达。《尚书》中提出"诗言志"的观点,就是说诗歌是表达人的感情和心志的。陶渊明《饮酒》诗中"问君何能尔,心远地自偏",体现了一种对复归自然的田园生活的向往;屈原《离骚》中"路漫漫其修远兮,吾将上下而求索"彰显忠贞爱国、高洁傲岸的伟大人格;杜甫的《茅屋为秋风所破歌》中的"大庇天下寒士俱欢颜"的忧国忧民情怀,都值得细细品味。

先秦思想家管子说:"仓廪实而知礼节,衣食足而知荣辱。"就是说在物质生活富足之后,人们就会有更多的精神需要,也才有能力获得更多的精神享受。我们每天不再仅仅想着余生暗淡、身体病痛,还要有书读,要欣赏音乐,要有一定的精神修养,要有一个和谐宁静的环境来安放我们的心灵。

老年人阅读古典文学,能够在岁月沉淀之后,真正发现隐藏在世间一草一木一粥一饭之中的情感与美好。在日常生活中,我们的感情往往是被稀释的,而文学则是情感的凝聚。每个人一生会经历很多的情感波折,生活的磨砺让我们的感觉迟钝,无法发现生活中处处存在的美和感动,而文学正好能帮我们定格和更好地表达这些感受。

最后,阅读古典文学是传承传统文化的最佳方式。中华文化博大精深,延续五千年,积累了丰富的精华与智慧。学习中国古典文学,就是了解中国文化的一种最温情、最有效的方式。中国文化是靠什么传达的呢?《诗经》的温柔敦厚;《楚辞》的雄奇瑰丽;王维的山水写意体现了佛教尤其是禅宗的空灵、静谧、自然的意境;李白的豪情妙笔洋溢着道家文化的游仙、仗剑、仁侠精神;李商隐年逾古稀时挥笔写下"老牛亦解韶光贵,不待扬鞭自奋蹄"的诗句,借助于不辞辛苦、老当益壮、自强不息的老黄牛的形象,赞美了劳动人民"老骥伏枥,志在千里,烈士暮年,壮心不已"的豪情壮志。如此种种,打开书卷,都可以提升自我、发现新知、抚慰心灵、传承美好。

总之,我们读文学、读古典文学,不是为了做一个老学究,咬文嚼字,而是为了更好地认识自我、认识社会、发现美好,提升自己的见识和思想,诗意地表达,快乐地生活,优雅地老去。

🌿 思考与拓展

1. 中国古典文学中,每个朝代的文学样式都有哪些鲜明特征?

2. 学习古典文学有什么价值和意义?

3. 阅读你喜欢的文学作品,谈谈体会。

4.《诗经》和《楚辞》对后世文学创作有什么影响?

5. 学习中国古典文学对老年生活与什么益处?

第四章
中国古典艺术

中国古典艺术源远流长、博大精深,内容丰富深邃,形式纷繁多样,书法、绘画、音乐、舞蹈、剪纸、刺绣等,承载着中国人独特的哲学思想与审美趣味,历经几千年的文化沉淀与积累,依旧如璀璨明星般熠熠生辉,闪耀在历史的长空里。

第一节　书法绘画

在中国五千年的历史长河中,书画艺术以其独特的艺术形式和艺术语言,再现了这一历史嬗变过程。具有姊妹性质的书画艺术以其互补性和独立性阐释了中国的传统文化内涵。由于书、画创作所采用的工具与材料具有一致性,所以有"书画同源"之说,但后期是以互补的独立性发展变化的。

一、书法

中国汉字书法艺术的形成、发展与汉字的产生与演变有着密不可分的联系。那么究竟什么是"书法"呢?

(一) 书法艺术简介

书法是我国特有的古老的汉字书写艺术,从甲骨文、石鼓文、金文(钟鼎文)演变为大篆、小篆、隶书,至定型于东汉、魏、晋的草书、楷书、行书等,书法一直散发着独特的魅力。汉字书法为汉族独创的表现艺术,被誉为"无言的诗,无行的舞,无图的画,无声的乐"。广义上讲,书法是指语言符号的书写法则。狭义上讲,书法是指用毛笔书写汉字的方法和规律,包括执笔、运笔、点画、结构、布局等内容。换言之,书法是指按照文字特点及其含义,以其书体笔法、结构和章法写字,使之成为富有美感的艺术作品。

书法构成的要素包括三个方面:一是笔法,要求熟练执使毛笔,掌握正确的指法、腕法、身法、用笔法、用墨法技巧;二是笔势,要求妥当地组织好点画与点画之间、字与字之间、行与行之间的承接呼应关系;三是笔意,要求在书写过程中表现出书者的气质、情趣、学养和人品。

(二) 历代书法流变

中华民族文明是一个历时性、线性的过程,中国的书法艺术在这样大的时代背景下展示着自身的发展面貌。自书法萌芽时期(殷商至汉末三国)始,文字经历甲骨文、古文(金文)、大篆(籀文)、小篆、隶(八分)、草书、行书、真书等阶段,依次演进。在书法的明朗时期(两晋南北朝至隋唐),书法艺术进入了新的境界,由篆隶趋从于简易的草行和真书,它们成为该时期的主流风格。大书法家王羲之的出现促使书法艺术大放异彩,他的艺术成就传至唐朝备受推崇。同时,唐代书法家蜂拥而起,虞世南、欧阳询、褚遂良、颜真卿、柳公权等名家,书法造诣各有千秋、风格多样。经历宋、元、明、清,中国书法成为一个民族符号,代表了中国文化博大精深和民族文化的永恒魅力。

1. 先秦书法

书法是中国特有的艺术,虽然书法艺术的自觉化至东汉末才发生,但书法艺术当于汉字的萌生同时。大多数文字学家认为汉字的形成时代大概不会早于夏代,并在夏商之际(约公元前 17 世纪)形成完整的文字体系。

我国最早的古汉字资料,是商代中后期(约前 14—前 11 世纪)的甲骨文和金文。从书法的角度审察,这些最早的汉字已经具有了书法形式美的众多因素。从商代后期到秦统一中国(前 221年),汉字演变的总趋势是由繁到简。这种演变具体反映在字体和字形的嬗变之中。西周晚期金文趋向线条化,战国时代民间草篆向古隶的发展,都大大削弱了文字的象形性,但是书法的艺术性却随着书体的嬗变而愈加丰富起来。

先秦时期的主要代表作品有:殷商甲骨文,如《祭祀狩猎涂朱牛骨刻辞》;西周的《大盂鼎铭文》,其书法体势严谨,字形、布局都十分质朴平实，用笔方圆兼备，具有端严凝重的艺术效果，是西周早期金文书法的代表作；西周的《毛公鼎铭文》，其书法是成熟的西周金文风格，结构匀称准确，线条遒劲稳健，布局妥帖，充满了理性色彩，显示出金文发展已极其成熟。

战国时代秦国刻石《石鼓文》在书法史上有承前启后的重要作用。它的字体是典型的秦国书风，结体方正匀整，舒展大方，线条饱满圆润，笔意浓厚，字里行间已经找不出象形图画的痕迹，完全是由线条组成的符号结构。《石鼓文》有着极高的艺术成就，对后来秦朝小篆的出现产生了很大影响。

2. 秦代书法

春秋战国时期，各国文字差异很大，是发展经济文化的一大障碍。秦始皇兼并天下，丞相李斯主持统一全国文字，这在中国文化史上是一个伟大功绩。

秦统一后的文字称为秦篆，又叫小篆，是在金文和石鼓文的基础上删繁就简而来的。著名书法家李斯的代表作为秦《泰山刻石》，历代都有极高的评价。

隶书的出现是汉字书写的一大进步，是书法史上的一次革命，不但使汉字趋于方正，而且在笔法上也突破了单一的中锋运笔，为以后各种书体流派奠定了基础。秦代除以上书法杰作外，尚有诏版、权量、瓦当、货币等文字，风格各异。秦代书法，在我国书法史上留下了辉煌灿烂的一页，与雄伟的万里长城和壮观的兵马俑一样，气魄宏大，堪称开创先河，是华夏无穷智慧的结晶。

3. 汉代书法

两汉 400 余年间,书法由籀篆变隶分,由隶分变为章草、真书、行书,至汉末,我国汉字书体已基本齐备。隶书是汉代普遍使用的书体,又称分书或八分,笔法不但日臻纯熟,而且书体风格多样。在隶书成熟的同时,又出现了破体的隶变,发展而成为章草,行书、真书也已萌芽。书法艺术的不断变化发展,为以后晋代流畅的行草及笔势飞动的狂草开辟了道路。

这一时期主要代表作品有《马王堆帛书》,1973 年在湖南长沙马王堆三号汉墓出土,它是研究西汉书法的第一手资料。《马王堆帛书》用笔沉着、遒健,给人以含蕴、圆厚之感。它的章法也独具特色,既不同于简书,也不同于石刻,纵有行、横无格,长度非常自由,有强烈的跳跃节奏感,总体反映了由篆至隶的隶变阶段的文字特征。

4. 魏晋书法

魏晋时期是篆、隶、真、行、草诸体咸备、俱臻完善的一代,是完成书体演变的承上启下的重要历史阶段。隶书产生、发展、成熟的过程就孕育着真书(楷书),而行、草书几乎是在隶书产生的同时就已经萌芽了。汉隶定型化了迄今为止的方块汉字的基本形态。真书、行书、草书的定型是在魏晋时期。它们的定型、美化无疑是汉字书法史上的又一巨大变革。

这一书法史上了不起的时代,造就了两个承前启后的大书法革新家——钟繇、王羲之。他们树立了真书、行书、草书美的典范,揭开了中国书法发展史的新的一页,此后历朝历代,学书者莫不宗法"钟王"。盛称"二王"(王羲之及其子王献之),甚至尊王羲之为"书圣",有著名书法作品《兰亭序》传世,书法遒媚劲健,端秀清新,纯出自然,自古以来有"天下第一行书"之称。

5. 南北朝书法

南北朝时期的书法进入北碑南帖时代。此时书法以魏碑最胜。魏碑,是北魏以及与北魏书风相近的南北朝碑志石刻书法的泛称,是汉代隶书向唐代楷书发展的过渡时期书法。

北朝书法以碑刻为主,尤以北魏、东魏最精,风格多样。代表作有《郑文公碑》《张猛龙碑》《敬使君碑》。此时书法是汉代隶书向唐代楷书发展的过渡时期。康有为说:"凡魏碑,随取一家,皆足成体。尽合诸家,则为具美。"(《广艺舟双楫》)唐初几位楷书大家如欧阳询、虞世南、褚遂良等,都是取法魏碑的。

南朝书法,也继承东晋的风气,上至帝王,下至士庶都非常喜好。南北朝书法家灿若群星,无名书家为其主流,他们继承了前代书法的优良传统,创造了优秀作品,也为形成唐代书法群星争辉的鼎盛局面创造了必要条件。

这个时期的智永,系王羲之七世孙,王羲之第五子王徽之的后代。清代何绍基评价他所写的《千字文》,说:"笔笔从空中来,从空中住,虽屋漏痕,犹不足以喻之。"我们细读他的墨迹,可见用笔上藏头护尾,一波三折,含蓄而有韵律的意趣。

6.唐代书法

唐代政治经济繁荣,文化博大精深,达到了中国封建社会文化的最高峰,可谓"书至初唐而极盛"。整个唐代书法,对前代既有继承又有革新,楷书为主流,结构谨严整饬。唐代墨迹流传至今者也比前代多。

欧阳询、虞世南、褚遂良和薛稷,并称初唐四家。欧阳询笔力险劲瘦硬,意态精密俊逸,法度森严,平中见奇。楷书有《化度寺塔铭》《虞恭公温彦博碑》等,行书有《张翰》《梦奠》等帖。稍晚的孙过庭、李邕以及陆柬之、怀素、张旭等一大批书法家也都有相当的成就。唐玄宗时期,将李白的诗、裴旻的剑舞和张旭的草书并称为"三绝"。

到了中唐,楷书再度有新的突破。以颜真卿为代表的书法大家为楷书奠定了标准,书法雄强茂密,浑厚古朴,善用外拓笔法造包围之势,树立了楷模,其形成为正统。颜真卿的楷书以《李玄靖碑》《颜家庙碑》《东方画赞碑》《告身帖》《多宝塔碑》最为著名;行草以《争座位帖》《祭侄文稿》《裴将军诗》最具特色。柳公权是继颜真卿之后的重要书法家,其字遒劲圆润,楷法精严,名作有《李晟碑》《玄秘塔碑》《金刚经》;亦工行草,有行书《兰亭诗》、草书《蒙诏帖》。楷书、行书、草书发展到唐代跨入了新阶段,时代特征突出,对后代的影响远远超过了以前任何一个时代。

我国书法史上,以行书刻碑的首创人物是唐太宗李世民,《温泉铭》是行书入碑的代表作。李世民是我国历史上一位杰出的帝王,他不仅将封建社会推向鼎盛时期,而且身体力行地倡导书法,他亲自为王羲之写传记,不惜重金搜购王羲之墨迹三千六百纸,促使唐代书法成为我国书法史上辉煌的一页。

7. 宋代书法

宋代的 300 多年间,书法发展比较缓慢。宋太宗赵光义留意翰墨,购募古先帝王名臣墨迹,命翰林侍书王著摹刻上石,然后拓成墨本并装裱成卷,共 10 卷,这就是《淳化阁帖》,被誉为"法帖之祖",收录了中国先秦至隋唐 1000 多年的书法墨迹,包括帝王、臣子和著名书法家等 103 人的 420 篇作品,可以说是名副其实的第一部中国书法史大型图典。宋初的书法多从《淳化阁帖》翻刻。这种辗转传刻的帖,与原迹差别就会越后越大。帖学大行和以帝王的好恶、权臣的书体为转移的情势,影响和限制了宋代书法的发展。在这种风气笼罩之下,书法家能够按自己对书法艺术的理解去继承、革新的就不太多了。宋代为后世所推崇者有苏轼、黄庭坚、米芾和蔡襄四大家。四家之外,宋徽宗赵佶独树一帜,亦堪称道。

8. 元代书法

元初经济文化发展不大,书法总的情况是崇尚复古,宗法晋、唐而少创新。元朝书坛的核心人物是赵孟頫,赵孟頫擅长篆、隶、楷、行、草诸体,用笔秀妍飘逸,体势姿媚。他所创立的楷书"赵体"与欧体、颜体、柳体并称中国书法四体,成为后代规摹的主要书体。他的书法对当时和明、清两代影响很大。

在元朝书坛也享有盛名的还有鲜于枢、邓文原,虽然成就不及赵孟頫,然在书法风格上也有自己独到之处。邓文原,与赵孟頫、鲜于枢齐名,并称元初三大书法家。他们主张书画同法,注重结字的体态。但元代书坛纯是继承晋唐,没有自己的时代风格。

9. 明代书法

明代享国近280载,在这近三个世纪中,朝廷诸皇帝都很喜欢书法。明成祖定都北京以后,即着手文治,诏求四方善书之士,充实宫廷。仁宗、宣宗也极爱书法,尤其喜摹"兰亭",神宗自幼工书,不离王献之的《鸭头丸帖》。所以,朝野士大夫重视帖学,皆喜欢姿态雅丽的楷书、行书,几乎完全继承了赵孟頫的格调。

明代像宋代一样也是帖学大盛的一代。法帖传刻十分活跃。其中华东沙刻的《真赏斋帖》可谓明代法帖的代表,文徵明刻的《停云馆帖》收有从晋至明历代名家的墨宝,可谓从帖之大成。

由于士大夫清玩风气和帖学的盛行,影响书法创作,所以,整个明代书体以行楷居多,未能上溯秦汉北朝,篆、隶、八分及魏体作品几乎绝迹,而楷书皆以纤巧秀丽为美。至永乐、正统年间,杨士奇、杨荣和杨溥先后入职翰林院和文渊阁,写了大量的制诰碑版,以姿媚匀整为工,号称"博大昌明之体",即"台阁体"。士子竞相摹习,横平竖直十分拘谨,缺乏生气,使书法失去了艺术情趣和个人风格。

10. 清代书法

清代初年,统治阶级采取了一系列稳定政治、发展经济文化的措施,书法也借机得以弘扬。明末遗民有些出仕从清,有些遁迹山林,创造出各有特色的书法作品。清代书法的总体倾向是尚质,同时分为帖学与碑学两大发展时期,清初康熙酷爱董其昌的书法,至乾隆又推崇赵孟頫的书法,因此赵、董书体身价大增,一般书法家只奉赵、董为典范。乾隆在位很久,而且嗜书又深,尽力搜集历代名迹,命梁诗正摹刻《三希堂法帖》,因此清代中期帖学仍很风行。帖学书法家中以刘墉、王文治、梁同书、翁方纲四大家为代表。

至清中期,古代的吉书、贞石、碑版大量出土,兴起了金石学。嘉庆、道光时期,邓石如开创了碑学之宗,咸丰后至清末,碑学尤为昌盛,前后有康有为、赵之谦、吴昌硕等大师成功地完成了变革创新,至此碑学书派迅速发展,影响所及直至当代。

清代书法由继承、变革到创新,挽回了宋代以后江河日下的颓势,其成就可与汉唐并驾,各种字体都有一批造诣卓著的大家,可以说是书法的中兴时期。

郑板桥(1693—1766),原名郑燮,江苏兴化人。字克柔,早年家贫,以作书画维持生活。清代的扬州八怪中,要数郑板桥最为人熟知。他的书法早年师法苏东坡、黄庭坚,非常别致,能熔正、草、隶、篆于一炉,可以说是我国书法史上的一怪。他说:"横涂竖抹,要自笔笔在法中。"又说:"必极工而后能写意。"他在书法上非常强调自己的新意,其作品有行书《论书轴》,这篇作品集中体现了郑板桥的书法风格,作品内容也是一篇书法论文,我们既可以欣赏他的书法艺术,又可以了解他的书法观点。此作品高104.4厘米,宽54.4厘米,现藏于上海博物馆。

二、绘画

中国画起源古代，象形字奠定了绘画的基础，文与画在最初本是一个意思。我国有书画同源之说，有学者认为伏羲画卦、仓颉造字，是为书画之先河。

（一）中国画的历史流变

中国画历史悠久，最早有原始岩画和彩陶画。陶器是新石器时代的产物，陶器分黑陶、白陶和彩陶。在新石器时代重要遗址西安半坡村出土的彩陶上，画有追逐的鱼、跳跃的鹿；青海大通县上孙家寨发现的舞蹈彩盆上，绘有三组五人携手踏歌图，是研究中国画史的根源。

在新石器时代的晚期的辛店和龙山诸文化遗址中，发现了我国迄今最早的青铜器。青铜器物上装饰画的主题大约可分为两类：一是描写贵族生活中的礼仪活动，如宴乐、射礼、表祭等；如赵固出土的《刻纹铜鉴》，集中表现了贵族生活的仪礼活动；另一类是描绘水陆攻战的图像，以山彪镇出土的《水陆攻战纹鉴》为代表。这些画幅中，有坚壁防守、云梯攻城等情节，表现了冲锋击杀攻坚的细节，形象生动。这些艺术手法，给汉画石刻、砖刻以很大的启发和影响。

战国时期出现了画在丝织品上的绘画——帛画，春秋战国最为著名的有《御龙图》帛画，这些早期绘画奠定了后世中国画以线为主要造型手段的基础。

秦朝在咸阳地区建的阿房宫出土的文物中,壁画残迹有440多块,其形式简单,五彩缤纷,画的是人们生活或者表演的场景。从这个角度上看,绘画艺术在秦朝已经有相当高的造诣。

汉代墓室壁画盛行,在1976年河南洛阳出土的西汉墓壁画,是汉代墓室壁画的代表。壁画以长卷展开,描绘了墓主夫妇在仙翁、仙女、怪兽的陪送下升入天界的情景。

魏晋南北朝时期,域外文化的输入与本土文化撞击融合,使这时的绘画形成以宗教绘画为主的局面,描绘本土历史人物、取材文学作品亦占一定比例,山水画、花鸟画亦在此时萌芽。中国绘画史上真正有画迹可考的画家出现在魏晋南北朝时期,众多的画家中,艺术成就最高、对后世影响最大的是东晋的顾恺之。顾恺之博学多才,传说他有"三绝"——画绝、文绝、痴绝。他最擅长的是宗教画和人物肖像画,《洛神赋图》是他的杰作之一,人物安排疏密得宜,在不同的时空中自然交替、重叠,在山川景物描绘上,展现出一种空间美。

隋唐时期社会经济、文化高度繁荣,绘画也随之呈现出全面繁荣的局面。山水画、花鸟画已发展成熟,宗教画达到了顶峰,并出现了世俗化倾向;人物画更是获得了极大的发展,呈现出独树一帜的风格。其仕女画中的人物形象,既不同于魏晋南北朝时期的秀骨清像,也不同于明清时期的弱不禁风,而多以雍容华贵、浓艳丰满为典型。吴道子就是其中极负盛名的画家,画工出身的他在人物画和山水画上都有着很高的造诣,其画迹可谓"落笔惊风雨""笔才一二,像已应焉",被后世尊称为"画圣"。他的画法突破了传统的细巧谨慎,其行笔豪迈,颇具气势,创造出一种纯彩条的笔法。

五代两宋时期,人物画已转入描绘世俗生活,民俗画以张择端的《清明上河图》为代表,是一幅描摹城市风貌的长卷杰作。宗教画渐趋衰退,山水画、花鸟画跃居画坛主流,山水画以用笔繁多、多点多皴为特征,李唐、范宽、马远等的水墨山水各具气韵风格。苏轼、米芾等的文人画则更为强调意境与情趣,寄寓了画家的人生理想。

由于社会历史的原因,元代的绘画出现了和宋代不同的局面。人物画成就不大,山水最为盛行,代表者有赵孟頫,他在诗文书画领域都有很高的造诣,绘画上于佛道、人物、山水、竹石等皆精。他在书画艺术上提倡"古意",主张"书画同法"对以后文人画发展影响极大。元代后期被称为"元四家"的黄公望、吴镇、王蒙、倪瓒等人在艺术上就不同程度地受到赵孟頫的影响。在当时的社会背景下,他们从老庄与禅宗中寻找寄托,笔下的水村秋景、湖光山色都极为简淡、宁静。

明朝虽有唐寅、仇英、陈洪绶等人的人物画佳作,但仍以山水花鸟为盛。在山水画中,"吴门四家"沈周、文徵明、唐寅、仇英的细致精工清秀俊逸、"松江派"董其昌的柔弱秀润和陈洪绶的高旷古拙,都为人所称道。在花鸟画中,林良、沈周、陈淳、徐渭等人的写意花鸟用笔洒脱、天趣盎然。

清代以人物画和山水画最为突出。清代人物画有曾琼、谢彬、任熙等人受西洋画风影响的作品,更有"扬州八怪"的写意人物画闻名于世。山水画有"清初四王"与"四画僧"相对,前者有功力而缺新意,后者却因弘仁的禅意深浸、石溪的笔墨高古、八大山人的孤寒奇峭以及石涛的率性多变而名满天下。此时期的写意花鸟也有大的发展,同时有大量的绘画理论著作流传并影响至今。

(二)中国画的分类

古代国画在世界美术领域中自成体系,按其题材和表现对象大致可分为人物画、山水画、花鸟画、界画、花卉、瓜果、翎毛、走兽、虫鱼等画科;按表现方法有工笔、写意、钩勒、设色、水墨等技法形式,设色又可分为金碧、大小青绿,没骨、泼彩、淡彩、浅绛等几种;按表现形式有壁画、屏幛、卷轴、册页、扇面等画幅形式,辅以传统的装裱工艺装潢之。按其使用材料和表现方法,又可细分为水墨画、重彩、浅绛、工笔、写意、白描等;中国画的画幅形式较为多样,横向展开的有长卷(又称手卷)、横披,纵向展开的有条幅、中堂,盈尺大小的有册页、斗方,画在扇面上面的有折扇、团扇等。

第二节　音乐舞蹈

中国音乐特指中国器乐与中国声乐,历史可以追溯到黄帝时代,曾对中国周边地区的音乐产生深远的影响。中国素有“礼乐之邦”的称谓,古代音乐在人格养成、文化生活和国家礼仪方面有着重要的作用和地位。

一、音乐

（一）音乐的历史流变

1.远古时期

新石器时代,先民们已经可以烧制陶埙,挖制骨哨。(河南舞阳县贾湖遗址出土的骨笛距今已 8000 年左右,是全世界最古老的吹奏乐器。其中一支七孔骨笛保存得非常完整,专家发现仍然能使用该骨笛演奏音乐,能发出七声音阶。但中国古代基本上只能使用五声音阶。)这些原始的乐器显示当时的人类已经具备对乐音的审美能力。

据古代文献记载,远古的音乐文化具有歌、舞、乐三者合一的特点。当时,人们所歌咏的内容,诸如"敬天常""奋五谷""总禽兽之极"反映了先民们对农业、畜牧业以及天地自然规律的认识。这些歌、舞、乐互为一体的原始乐舞还与原始氏族的图腾崇拜相联系,例如黄帝氏族曾以云为图腾,他的乐舞就叫《云门》。

2.夏商周时期

从古典文献记载来看,夏商两代的乐舞已渐渐脱离原始氏族乐舞为氏族共有的特点,更多地为高等阶级所占有。从内容上看,它们渐渐离开了原始的图腾崇拜,转为对征服自然的人的颂歌。例如夏禹治水,造福人民,于是便出现了歌颂夏禹的乐舞《大夏》。商代巫风盛行,于是出现了专司祭祀的巫(女巫)和觋(男巫)。他们为奴隶主所豢养,在行祭时舞蹈、歌唱,是最早以音乐为职业的人。

据史料记载,在夏代已经有用鳄鱼皮蒙制的鼍(tuó)鼓。商代已经有木腔蟒皮鼓和双鸟饕餮纹铜鼓,以及制作精良的脱胎于石桦犁的石磬,商代还出现了编钟、编铙乐器,它们大多为三枚一组。各类打击乐器的出现体现了乐器史上击乐器发展在前的特点。始于公元前5000多年的气鸣乐器——陶埙,是我国最古老的吹奏乐器,从开始的单音孔、二音孔发展到五音孔,它已可以发出十二个半音的音列。

西周时期宫廷首先建立了完备的礼乐制度。在宴飨娱乐中,不同地位的官员规定有不同的舞队编制。周代形成了采风制度,收集民歌,以观风俗、察民情,保留下大量的民歌后经整理形成了中国第一部诗歌总集——《诗经》。就其留传下来的文字分析,《诗经》中的歌曲可以概括为十种曲式结构。作为歌曲结尾的高潮部分,已有专门的名称"乱"。在《诗经》成书前后,楚国屈原根据楚地的祭祀歌曲编成《九歌》,具有浓重的楚文化特征。至此,两种不同的音乐风格南北辉映成趣。

周代民间音乐生活涉及社会生活的多个侧面,内容广泛。世传"伯牙弹琴,子期知音"的故事即始于此时,反映出人们演奏、作曲技术以及欣赏水平的提高。

1978年湖北随县出土的战国曾侯乙墓葬中的古乐器,是周代音乐文化高度发达的重要标志。这座可以和埃及金字塔媲美的地下音乐宝库,提供了当时宫廷礼乐制度的模式,这里出土的八种共124件乐器,按照周代的"八音"乐器分类法(金、石、丝、竹、匏、土、革、木),几乎各类乐器应有尽有。其中最为重要的64件编钟乐器,分上、中、下三层编列,总重量达5000余公斤,总音域可达五个八度。由于这套编钟具有商周编钟一钟发两音的特性,其中部音区十二个半音齐备,可以旋宫转调,从而证实了先秦文献关于旋宫记载的真实性。

3. 秦汉时期

秦汉时开始出现"乐府",是专门管理乐舞演唱教习的机构。它继承了周代的采风制度,搜集、整理、改编民间音乐,也集中了大量乐工在宴飨、郊祀、朝贺等场合演奏。这些用作演唱的歌词,被称为乐府诗。

汉代主要的歌曲形式是相和歌。它从最初的"一人唱,三人和"的清唱,发展为有丝、竹乐器伴奏的"相和大曲",并且具有"艳—趋—乱"的曲体结构,它对隋唐时的歌舞大曲有着重要影响。同时,在西北边郡兴起了鼓吹乐,它以不同编制的吹管乐器和打击乐器构成多种鼓吹形式,如横吹、骑吹、黄门鼓吹等,或在马上演奏,或在行进中演奏,用于军乐礼仪、宫廷宴饮以及民间娱乐。在汉代还有"百戏"出现,它是对汉族民间包括杂技、武术、幻术、滑稽表演、音乐演奏、舞蹈等诸技的称呼,尤以杂技为主。

4. 魏晋南北朝时期

由相和歌发展起来的清商乐在曹魏政权时期尤为受重视,设置清商署。同时,随着时代发展,清商乐与南方的吴歌、西曲融合,成为流传全国的重要乐种。

这时,传统音乐文化的代表性乐器古琴趋于成熟,一大批文人琴家相继出现,如嵇康、阮籍等,《广陵散》《酒狂》等一些著名曲目也陆续问世。

5.隋唐时期

隋唐时期,尤其是唐代"安史之乱"以前,政治稳定,经济兴旺,统治者奉行开放政策,不断吸收多方文化,加上魏晋以来已经孕育着的音乐文化打基础,终于萌发了以歌舞音乐为主要标志的音乐艺术全面发展的高峰。

唐代宫廷宴飨的音乐,称作"燕乐",又称"宴乐",是艺术性很强的歌舞音乐。隋、唐时期的七部乐、九部乐就属于燕乐。来源于汉族传统音乐的不断积累和汉魏以来传入的外来音乐。

风靡一时的唐代歌舞大曲是燕乐中独树一帜的奇葩。其中《霓裳羽衣舞》因是由著名的音乐家皇帝唐玄宗所作,乐调优美,构思精妙,为世人所称道。诗人白居易曾写有描绘该大曲演出场面的生动诗篇《霓裳羽衣舞歌》,生动传神地描述了这种舞蹈的服饰、乐器伴奏和具体表演的细节。具有极高的文学价值和音乐史料价值。

在唐代的乐队中,琵琶是主要乐器之一。它已经与今日的琵琶形制相差无几。福建南曲和日本的琵琶,在形制上和演奏方法上还保留着唐琵琶的某些特点。

唐朝末年盛行一种歌舞戏,它有故事情节、角色表演、伴唱和管弦伴奏,载歌载舞。大面、踏谣娘、拨头、参军戏等已经是小型戏曲的雏形。

文学史上堪称一绝的唐诗在当时是能入乐歌唱的。歌伎曾以能歌唱名家诗篇为快,诗人也以自己的诗作入乐后流传的广泛程度来衡量自己的写作水平。

唐代音乐文化的繁荣还表现为有一系列音乐教育的机构,如教坊、梨园、大乐署、鼓吹署以及专门教习幼童的梨园别教园。这些机构以严密的考绩,造就了一批批才华出众的音乐家。

6. 宋元时代

市民音乐的勃兴是宋代音乐文化发展的重要标志。随着都市商品经济的繁荣,适应市民阶层文化生活的游艺场"瓦舍""勾栏"应运而生,争奇斗艳。这当中唱赚(宋代传统说唱艺术)中的缠令、缠达两种曲式结构,对后世戏曲以及器乐的曲式结构有一定影响。而鼓子词则影响到后世的说唱音乐鼓词。诸宫调是这一时期成熟起来的大型说唱曲种,其中歌唱占分量较重。

承隋唐曲子词发展的遗绪,宋代词调音乐得到空前发展,这种长短句的歌唱文学体裁分为引、慢、近、拍、令等词牌形式。南宋姜夔是既会作词又能依词度曲的著名词家、音乐家,有 17 首自度曲和 1 首减字谱的琴歌《古怨》传世。这些作品多表达了作者关怀祖国人民的心情,描绘出清幽悲凉的意境,如《扬州慢》《杏花天影》等。宋代郭楚望的代表作《潇湘水云》开古琴流派之先河,表现出作者热爱祖国大好山河的思想情感。宋代也出现了"马尾胡琴"的记载,这种用马尾弓代替竹片擦弦发音的乐器,是中国北方长期过着游牧生活的少数民族的创造,是拉弦乐器向前发展的一个里程碑。

在乐学理论上,宋代出现了燕乐音阶的记载。同时,早期的工尺谱谱式也在张炎《词源》和沈括《梦溪笔谈》中出现。宋代南戏的出现是中国戏曲趋于成熟的标志。南戏又称温州杂剧、永嘉杂剧,其音乐丰富而自然。最初是一些民间小调,演唱时可以不受宫调的限制,后来发展为曲牌体戏曲音乐,出现了组织不同曲牌的若干乐句构成一种新曲牌的"集曲"形式。南戏在演唱上已有独唱、对唱、合唱等多种形式。

戏曲艺术在元代出现了以元杂剧为代表的高峰。元杂剧的兴盛最初在北方,渐次向南方发展,与南方戏曲发生交融。代表性的元杂剧作家有关汉卿、马致远、郑光祖、白朴,另外还有王实甫、乔吉甫,世称六大家。典型作品如关汉卿的《窦娥冤》《单刀会》、王实甫的《西厢记》等。

元杂剧对南方戏曲的影响,促使南戏(元明之际叫作"传奇")进一步成熟,出现了一系列典型剧作,如《拜月庭》《琵琶记》等。这些剧本经历代流传,至今仍在上演。

当时南北曲的风格已初步确立,以七声音阶为主的北曲沉雄;以五声音阶为主的南曲柔婉。

随着元代戏曲艺术的发展,出现了民族乐器三弦,也产生了最早的古典戏曲音乐论著《唱论》,作者燕南芝庵(其真实姓名及生平均不可考),为研究中国宋元声乐艺术,提供了重要历史资料。周德清的《中原音韵》是北曲最早的韵书,他把北方语言分为 19 个韵部,并且把字调分为阴平、阳平、上声、去声四种。这对后世音韵学的研究以及戏曲说唱音乐的发展均有深刻影响。

7.明清时期

明清社会已经具有资本主义经济因素的萌芽,市民阶层日益壮大,音乐文化的发展更具有世俗化的特点。明代的民间小曲内容丰富,虽然良莠不齐,但其影响之广,已经达到"不问男女,人人习之"的程度。此时,私人收集编辑、刊刻小曲成风。如冯梦龙编辑的《山歌》,朱权编辑的最早的琴曲《神奇秘谱》等。

明清时期说唱音乐异彩纷呈。其中南方的弹词、北方的鼓词,以及牌子曲、琴书、道情类的说唱曲种更为重要。南方秀丽的弹词以苏州弹词影响最大。

清代,苏州出现了以陈遇干为代表的苍凉雄劲的陈调;以马如飞为代表的爽直酣畅的马调;以俞秀山为代表的秀丽柔婉的俞调这三个重要流派。北方的鼓词以山东大鼓、冀中木板大鼓、西河大鼓、京韵大鼓较为重要。而牌子曲类的说唱有单弦、河南大调曲子等;琴书类说唱有山东琴书、四川扬琴等;道情类说唱有浙江道情、陕西道情、湖北渔鼓等。

明初四大声腔有海盐、余姚、弋阳、昆山。其中,昆山腔经由江苏太仓魏良甫等人的改革,以曲调细腻流畅,发音讲究字头、字腹、字尾而赢得人们的喜爱。昆山腔又经过南北曲的汇流,形成了一时为"戏曲之冠"的昆剧,昆曲被联合国列为世界口头文化遗产保护目录。最早的昆剧剧目是明代梁辰鱼的《浣纱记》,其余重要的剧目有汤显祖的《牡丹亭》、洪昇的《长生殿》等。

明末清初,北方以陕西秦腔为代表的梆子腔得到迅速发展,它影响到山西的蒲州梆子、陕西的同州梆子、河北梆子、河南梆子。这种高亢、豪爽的梆子腔在北方各省经久不衰。晚清,由西皮和二黄两种基本曲调构成的皮黄腔,在北京初步形成,由此产生了影响遍及全国的京剧。

明清时期,器乐的发展表现为民间出现了多种器乐合奏的形式。如北京的智化寺管乐、河北吹歌、江南丝竹、十番锣鼓等。明代的《平沙落雁》、清代的《流水》等琴曲和一批丰富的琴歌《阳关三叠》《胡笳十八拍》等广为流传。琵琶乐曲自元末明初有《十面埋伏》等名曲问世,清代还出现了华秋萍编辑的最早的《琵琶谱》。

(二)中国古代乐器

1. 古琴

据古籍所载,伏羲女娲时,已有"琴""瑟""箫"存在。这时的"琴"即是现在所讲的"古琴"之前身。古琴在国乐中占有极高的地位,也称丝桐、绿绮等,因其缚弦七根,由粗而细,自外向内按五声音阶排列,又称"七弦琴"。琴体由面板和底板胶合而成,形狭长。弦外侧的面板上嵌有十三个圆点的"徽"。

古琴有着极为广阔的艺术表现力,清越、古朴、圆浑而又极富穿透力和质感,所以其表现境域十分宽广:清微淡远的《平沙落雁》、秀美清丽的《梅花三弄》、刚烈粗粝的《广陵散》、哀婉沉痛的《长门怨》、气势磅礴的《流水》,几乎没有什么东西是古琴所不能表达的。有关古琴的文献记载及古琴传谱是我国古代音乐的珍品。

2. 瑟

瑟,形状似琴,有 25 根弦,弦的粗细不同,每弦瑟有一柱,按五声音阶定弦。最早的瑟有五十弦,故又称"五十弦"。瑟的起源久远,在考古发现的弦乐器中所占的比重最大。它的出土地点集中在湖北、湖南和河南三省,并且绝大多数出自东周楚墓。在我国古文献中描述宴会时,常见"鼓瑟吹笙"的说法。

3. 鼓

鼓的出现比较早,从如今发现的出土文物来看,可以确定鼓大约有 4500 年的历史(以山西襄汾陶寺遗址早期大墓出土的土鼓为例)。鼓是我国传统的打击乐器,由于鼓有良好的共鸣作用,声音激越雄壮而传声很远,所以很早就被华夏祖先作为军队上助威之用。据文献记载,在古代,鼓不仅用于祭祀、乐舞,还用于打击敌人、驱除猛兽,并且是报时、报警的工具。随着社会的发展,鼓的应用范围更加广泛,民族乐队、各种戏剧、曲艺、歌舞、赛船舞狮、喜庆集会等都离不开鼓类乐器。

鼓的结构比较简单,是由鼓皮和鼓身两部分组成。鼓皮是鼓的发音体,通常是用动物的皮革蒙在鼓框上,经过敲击或拍打使之振动而发声的。中国鼓类乐器的品种非常多,其中有腰鼓、大鼓、同鼓、花盆鼓等。

古文献中的"鼓琴瑟",就是在琴瑟开始弹奏之前,先有鼓声作为引导。

4. 笙

笙，古称卢沙，是源自中国的簧管乐器，是世界上最早使用自由簧的乐器，借由每根管子中的簧片发声，是吹管乐器中唯一的和声乐器，也是唯一能吹吸发声的乐器，其音色清晰透亮，音域宽广，感染力强。在传统器乐和昆曲里，笙常被用作其他管乐器如笛子、唢呐的伴奏，为旋律加上纯四度或纯五度和音。在现代国乐团，笙可以担当旋律或伴奏的作用。

5. 箜篌

据考证，箜篌流传至今已有 2000 多年的历史了。箜篌在古代除宫廷乐队使用外，在民间也广泛流传。在中国盛唐（618—907）时期，随着经济文化的飞速发展，箜篌演奏艺术也达到了相当高的水平，也就是在这个时期，中国古代的箜篌先后传入日本、朝鲜等邻国。但是，这种古老的乐器，从 14 世纪后期便不再流行，以致慢慢消失，人们只能在遗存的壁画和浮雕上看到部分箜篌的图样。

在所有乐器中，箜篌外形是最特别最漂亮的，有着古琴同样悠久的历史。其音色更偏向清亮圆润又内含悠扬之韵，也是唯一可以用左右手同时弹奏出旋律的乐器。《隋书·音乐志》中记载，它本来自西域，于是更蒙上一层神秘的色彩。

6. 笛

笛，竖吹，音孔由五孔至八孔不等，其中以七音孔笛居多，具有与我们所熟悉的中国传统大致相同的音阶，是中国最具特色的吹奏乐器之一。

中国笛子历史悠久,可以追溯到新石器时代。那时先辈们点燃篝火,架起猎物,围绕捕获的猎物欢腾歌舞,并且利用飞禽胫骨钻孔吹之(用其声音诱捕猎物和传递信号),也就诞生了出土于我国最古老的乐器——骨笛。1986年5月,在河南舞阳县贾湖村东新石器时代早期遗址中发掘出16支竖吹骨笛(用鸟禽肢骨制成),根据测定距今已有8000余年历史。

7. 箫

箫,分为洞箫和琴箫,皆为单管、竖吹,是一种非常古老的汉族吹奏乐器。箫历史悠久,音色圆润轻柔,幽静典雅,适于独奏和重奏。它一般由竹子制成,吹孔在上端,有六孔箫和八孔箫之分。

箫的产生,其历史可以追根溯源到远古时期。中国考古学表明,目前出土文物中发现了有距今7000多年的骨质发声器,考古学家称之为"骨哨"(浙江河姆渡出土的文物,现存浙江博物馆)。

8. 编钟

编钟是中国古代汉族大型打击乐器,兴起于西周,盛于春秋战国直至秦汉。中国是制造和使用乐钟最早的国家。它用青铜铸成,由大小不同的扁圆钟按照音调高低的次序排列起来,悬挂在一个巨大的钟架上,用丁字形的木锤和长形的棒分别敲打铜钟,能发出不同的乐音,因为每个钟的音调不同,按照音谱敲打,可以演奏出美妙的乐曲。引在木架上悬挂一组音调高低不同的铜钟,由侍女用小木槌敲打奏乐。由于年代不同,编钟的形状也不尽相同,但钟身都绘有精美的图案。

1978年,湖北随州南郊擂鼓墩的一座战国时代(约公元前433年)的曾侯乙墓出土的编钟,是至今为止所发现的成套编钟中最引人注目的一套,这套编钟之大,足以占满一个现代音乐厅的整个舞台。

9. 二胡

二胡是中华民族乐器家族中主要的弓弦乐器(擦弦乐器)之一,由琴筒、琴皮、琴杆、琴头、琴轴、千斤、琴马、弓子和琴弦等部分组成,另外还有松香等附属物。二胡又名"胡琴",始于唐朝,称"奚琴",宋代称"嵇琴"。一般认为今之胡琴由奚琴发展而来,现已成为我国独具魅力的拉弦乐器。它既适宜表现深沉、悲凄的情感,也能描写气势壮观的意境。最早记载嵇琴的文字是唐朝诗人孟浩然的《宴荣山人池亭诗》:"竹引携琴入,花邀载酒过。"唐代诗人岑参的《白雪歌送武判官归京》:"中军置酒饮归客,胡琴琵琶与羌笛"的诗句,说明胡琴在唐代就已开始流传,而胡琴是中西方拉弦乐器和弹拨乐器的总称。

10. 琵琶

琵琶被称为"弹拨乐器之王",属于拨弦类弦鸣乐器。木制,音箱呈半梨形,上装四弦,原先是用丝线,现多用钢丝、钢绳、尼龙制成,颈与面板上设用以确定音位的"相"和"品"。演奏时竖抱,左手按弦,右手五指弹奏,是可独奏、伴奏、重奏、合奏的重要民族乐器。

琵琶的线条和形态很柔美,可它的品性却是刚烈的,它的密度和强度及嘈嘈切切的声音一如霸气的勇士,所以它最能演绎《霸王卸甲》《十面埋伏》这类曲目。[1]

①黄敏学. 中国音乐文化史[M]. 北京:中国人民大学出版社,2013.

二、中国舞蹈

舞蹈是通过有节奏的、经过提炼和组织的人体动作和造型,来表达一定的思想感情的艺术,是人类最古老的艺术形式之一。可以说,中国有多少年的文明,就有多少年的舞蹈史。从蒙昧的上古时代开始,中国传统舞蹈经过不断发展和演变,逐渐形成具有独特形态和神韵的东方舞蹈艺术。

(一) 中国舞蹈的历史流变

远古时期的舞蹈其主要形式是反映狩猎等生产劳动的舞蹈。在阴山地区新石器时代的岩画上,刻画着狩猎舞的场面,人们头饰鹿角、羽毛,有的佩尾饰,扮成飞鸟、山羊、狐狸等动物舞动。

由于原始社会的人们对大自然现象的理解不足,产生了畏惧感,逐渐形成了原始的宗教信仰——图腾崇拜。把动物、植物或自然物作为图腾,把图腾奉为祖先和保护神,认为图腾能为人赐福或降灾。传说中人首蛇身的伏羲、女娲,是以"龙"为图腾的华夏族先祖。传说中牛首人身的炎帝,是以"羊"为图腾的羌族的先祖。这些远古氏族的乐舞,充满着青春与力量的斗争,也反映了原始宗教的祈求幻想和巫术礼仪。

夏商时期的甲骨文中,有一些关于舞蹈的记载,这是中国舞蹈史上最早的文献记录。这时舞蹈从自娱、全民性的活动,部分地进入表演艺术领域,并且出现了最早的专业舞人——乐舞奴隶。

经过夏、商两朝(公元前 21—前 11 世纪)到西周建国,奴隶制达到鼎盛时期,周代的统治阶级已充分认识到乐舞用于政治的社会作用,而制定出礼乐制度。为了礼乐制度的实施,周王室整理了前代遗存的乐舞,总称为六代舞,用于祭祀。设立了庞大的乐舞机构"大司乐",在举行大祭时,由大司乐率领着贵族子弟跳六代舞。不同的场合演奏不同的乐舞。贵族子弟要受严格的六艺(礼、乐、射、御、书、数)教育。

到了春秋战国时期,周王室日渐衰落,诸侯争做霸主,礼乐制度已无法维护。由于人们崇拜图腾和迷信神鬼,逐渐产生了沟通人神之间的"巫"。由"巫"掌管祭祀占卜,求神福佑或祓(fú)除不祥,巫舞盛行。楚国祭神歌舞《九歌》中神的形象是由巫(女巫)觋(男巫)扮演的。

秦汉时代民间俗舞有显著的发展。秦代已有了乐府,秦二世曾在甘泉宫"作角抵俳优之观"。汉代初年,高祖刘邦喜好民间的楚声、楚舞,并把俗乐舞用于宫廷祭祀。汉武帝扩大了"乐府"机构,任命李延年为协律督尉,大力采集民间乐舞,记录了吴、楚、燕、代、齐、郑各地歌诗 314 篇,乐府中的乐工舞人达 800 余名。

汉代乐舞是广收并蓄、融合众技的,舞蹈受杂技、幻术、角抵、俳优的影响向高难度发展,丰富了传情达意的手段,扩大了舞蹈的表现能力。汉代的《盘鼓舞》把中原的优美典雅和西域的热烈奔放两者交融,既有飘逸美妙的舞姿,又有高超复杂的技巧,形成了汉代舞蹈审美的特征。这个舞蹈在六朝时期就已湮没无闻,直到 21 世纪才发现在安徽、陕西的民间尚有流传。

至唐代,乐舞机构有太常寺、教坊、梨园、宜春院等,集中了大量技艺高超的乐舞伎人,重视舞蹈技巧的培养和训练。唐代继承了隋朝大一统的成果,既有南朝的清商乐舞,又有北朝的西凉、高丽等东、西方乐舞,特别是接受了西域各族乐舞的影响,旧乐新声,汉胡交融,促进了唐代乐舞的发展。

规模宏大的唐代史诗型舞蹈《破阵乐》《庆善乐》《上元乐》三大舞,有的气势雄伟,有的安徐娴雅,有的充满幻想色彩,都是唐代宫廷宴享乐舞立部伎中的大型节目,在唐代宫廷舞蹈中都具有相当的代表性,所以在当时被称为"三大舞"。真正代表唐代舞蹈艺术风格的,是小型娱乐性舞蹈——健舞和软舞。健舞中以《剑器》《柘枝》《胡旋》《胡腾》为代表;软舞中以《绿腰》《凉州》《春莺啭》《乌夜啼》为代表。代表唐代乐舞艺术高峰的是歌舞大曲。唐代大曲是集纵向的继承和横向的借鉴二者之大成。大曲形式在唐代受了西域乐舞的影响,变得更加丰富完美,形成完整的表演艺术形态。《教坊记》记载,唐代有 46 种大曲,其节奏复杂、曲调丰富、结构严密,具有大型歌舞的高级形式。《霓裳羽衣》被誉为唐代舞蹈之冠,唐玄宗创作乐曲,杨贵妃表演舞蹈,在当时最为著名。

宋代的民间舞蹈十分兴盛。每逢新年、元宵灯节、清明节等,民间舞队非常活跃。《武林旧事》所记的元夕舞队有 70 种,这 70 种舞队有许多节目至今尚在民间流传。宋代百戏中的舞蹈,在军旅中常有演出。

从北宋开始有了杂剧以后,在节日娱乐节目中,仍然是以百戏、队舞、杂剧相间演出为主,一直到明代中叶,还保持着这种组合形式。它们长期并行发展,相互影响,相互吸收。中国戏曲中包含的载歌载舞、武术杂技种种要素，与中国古代的歌舞大曲、参军戏、歌舞戏等，有着一脉相承的联系。

元代的戏曲艺术称元杂剧。元杂剧中的"唱""云""科"是它的艺术表演手段。三者之中的"科"，主要是做工，包括表情、舞蹈和武功。元杂剧中的武功技巧，也包含着许多舞蹈因素，如各种器械舞、对打、翻跟斗等。

明清时期的舞蹈，大致可分为三类：宫廷队舞、戏曲舞蹈和民间舞蹈。明代宫廷舞，大祀庆成大宴用《万国来朝队舞》《缨鞭得胜队舞》；万寿圣节大宴用《九夷进宝队舞》《寿星队舞》；冬至大宴用《赞圣喜队舞》《百花朝圣队舞》；正旦大宴用《百戏莲花盆队舞》《胜鼓采莲队舞》等。清代宫廷宴乐队舞蹈的总名为《庆隆舞》，其中包括介胄（铠甲和头盔）骑射的《扬烈舞》和大臣对舞的《喜起舞》，舞的内容是有寓意的。

明、清的戏曲舞蹈，是戏曲中的重要组成部分。戏曲舞蹈是在中国古代舞蹈的基础上，又根据剧情和人物的需要发展而形成的。它不仅具有中国古典舞蹈的特色，并且保存了中国古代舞蹈的精粹，这对打开中国古典舞蹈的宝库、研究古代舞蹈的发展规律，有着重要作用。

第三节　剪纸刺绣

一、剪纸

剪纸艺术是最古老的中国民间艺术之一,从技法上讲,剪纸实际也就是在纸上镂空剪刻,使其呈现出所要表现的形象。中国劳动群众凭借自己的聪明才智,通过谐音、象征、寓意等手法提炼、概括自然形态,构成美丽的图案,以剪刻、镂空为主的多种技法,如撕纸、烧烫、拼色、衬色、染色、勾描等,使剪纸的表现力有了无限的深度和广度。细可如春蚕吐丝,粗可如大笔挥抹。其不同形式可粘贴摆衬,亦可悬空吊挂。由于剪纸的工具材料简便普及,技法易于掌握,有着其他艺术门类不可替代的特性,因而,这一艺术形式从古到今,几乎遍及我国的城镇乡村,深得人民群众的喜爱及赞美。

(一) 剪纸的渊源

剪纸,作为一种原始艺术的载体,它在造型上将不同空间、时间的物象进行组合,通过一种夸张和变形的手法来改变对象的性质、形式,进而改变自然原形的惯常标准。

纸的发明是在西汉时期(公元前 6 世纪),在此之前是不可能有剪纸艺术出现的,但当时人们运用薄片材料,通过镂空雕刻的技法制成工艺品,却早在未出现纸时就已流行,即以雕、镂、剔、刻、剪的技法在金箔、皮革、绢帛,甚至在树叶上剪刻纹样。

南北朝时期《木兰辞》中就有"对镜贴花黄"的诗句。而中国目前发现的最早的剪纸作品,是新疆吐鲁番火焰山附近出土的北朝时期(386—581)五幅团花剪纸。这几幅剪纸,采用重复折叠的方式和形象互不遮挡的处理手法。

隋唐以后,剪纸艺术日趋繁荣,唐代还出现了专门描述剪纸的诗句。《采胜》诗写道:"剪采赠相亲,银钗缀凤真。叶逐金刀出,花随玉指新。"描绘出唐代佳人剪纸的优美动作和剪出的花鸟草虫的美丽。唐代民间还出现了利用剪纸形式制作的漏版印花板,人们用厚纸雕刻成花版,将染料漏印到布匹上,形成美丽的图案。另外,在敦煌莫高窟也出土过唐代及五代的剪纸,如《双鹿塔》《群塔与鹿》《佛塔》等都属于"功德花纸"一类,主要是用来敬供佛像,装饰殿堂、道场。

到了宋朝,剪纸开始普及,出现了剪纸行业和剪纸名家。南宋已经出现了以剪纸为职业的行业艺人。据宋人周密《武林旧事》中记载,此时杭州的"小经济"多达上百种。其中就有专门的"剪镞花样"者,有的善剪"诸家书字",有的专剪"诸色花样"。宋代造纸业成熟,纸品名目繁多,为剪纸的普及提供了条件。如成为民间礼品的"礼花",贴于窗上的"窗花",或用于灯彩、茶盏的装饰。

明清时期,是剪纸的高峰期,民间剪纸手工艺术的运用范围更为广泛。民间灯彩上的花饰,扇面上的纹饰,以及刺绣的花样等,无一不是利用剪纸作为装饰再加工的。而更多的是中国民间常常将剪纸作为装饰家居的饰物,美化居家环境,如门笺、窗花、柜花、喜花、棚顶花等都是用来装饰门窗、房间的剪纸。①

（二）剪纸的表现形式

剪纸艺术是一门"易学"却"难精"的民间技艺,作者大多是乡村妇女和民间艺人,由于他们以现实生活中的见闻事物做题材,对物象的观察全凭纯朴的感情与直觉的印象,因此形成了剪纸艺术浑厚、单纯、简洁、明快的特殊风格,反映了朴实无华的精神。剪纸的表现形式大概有以下几个方面。

1.线线相连与线线相断

剪纸作品由于是在纸上剪出或刻出的,因此必须采取镂空的办法,由于镂空,就形成了阳纹的剪纸必须线线相连,阴纹的剪纸必须线线相断,如果出现错误,就会使整张剪纸支离破碎,形不成画面,由此就产生了千刻不落、万剪不断的结构,这是剪纸艺术的一个重要特点。剪纸很讲究线条,因为剪纸的画面就是由线条构成的,根据实践经验把剪纸的线条归纳为"圆、尖、方、缺、线"五个字,即"圆如秋月、尖如麦芒、方如青砖、缺如锯齿、线如胡须",可以说线条是剪纸造型的基础。

2.构图造型图案化

在构图上,剪纸不同于其他绘画,它较难表现三度空间、场景和形象的层层重叠。它主要依据形象在内容上的联系,较多使用组合的手法,由于在造型上的夸张变形,又可使用图案形式美的一

---

①刘魁立,张旭.剪纸[M].北京:中国社会出版社,2008.

些规律,做对称、均齐、平衡、组合、连续等处理。它可以把太阳、月亮、星星、飞鸟、云彩,同地面上的建筑物、人群、动物同时安排在一个画面上。常见的有"层层垒高"或并用"隔物换景"的形式。

3. 形象夸张简洁,色彩单纯明快

剪纸在处理形象时,既要抓住物象特征,又得做到线条连接自然。因此,就不能采取自然主义的写实手法,要求抓住形象的主要部分,大胆舍去次要部分,使主体一目了然。形体突出,形成朴实、大方的优美感,物象姿态要夸张,动作要大,姿势要优美,就像舞台上的亮相动作一样,富有节奏感。

剪纸的色彩要求在简中求繁,少作同类色、类似色、邻近色的配置。要求在对比色中求协调,同时还要注意用色的比例。如用一个为主的颜色形成主调时,其他颜色在对比度上可以程度不同地减弱。

4. 刀法要"稳、准、巧"

民间剪纸的许多特点和风格都是由于刀法上的一定技巧而产生的,如张永寿创作的"百菊图",许多地方都是运用刀法的技巧。例如刻一种"罗汉须"的菊花,由于它初开时是直瓣,盛开时就卷曲,形成螺丝圈,剪这种菊花,要一瓣一瓣从里往外剪,剪成后花瓣卷曲自如,才能组成一朵形象殊异、风味别致的菊花。

当同时刻制数量比较多的剪纸时,在刀法的运用上,要切不要划,切出来的剪纸比划出来的剪纸要显得厚实。用刀时必须要像手拿钢锯一样,上、下来回切动,用力要刚劲、均匀,注意不要左

右来回摆动,握刀必须上下垂直,刻出的剪纸才会准确。在剪纸时,下刀和起刀必须做到准,特别是在刀与刀连接的地方,说下就下,说起就起,否则,线条就容易被刀刻断或刻不断而把剪纸破坏。

(三)各地剪纸特色

我国多地都有剪纸习俗,风格迥异,题材各有不同,剪纸材料千差万别。按制作方法分类,主要有剪纸和刻纸;按表现形式分类,主要有单色和点彩。

剪刀剪纸,历史悠久,但由于加工数量的限制,而且细微刻画,逐渐被刻纸取代,刻纸的优势在于,以此可以加工多张,刀法变化多端。

单色剪纸和点彩剪纸,尽管各有千秋,但是真正的优秀剪纸,应属单色,因为单色剪纸,突出了"剪"的艺术主题,来不得半点虚假。而点彩剪纸,俗称"三分剪,七分染",所用品色,很短时间内就会形成污染并脱色,脱色的剪纸是毫无欣赏价值的。

真正优秀的剪纸,当属江苏扬州和天津杨柳青的单色剪纸,两地的剪纸,以造型优美、纸张考究、刀功犀利而著称,究其渊源,扬州和杨柳青皆为举世闻名的书画艺术之乡,两地的剪纸艺术在深厚文化底蕴烘托下,自然卓尔不群。

河南省三门峡市的陕州剪纸源远流长,最早可追溯到夏、周时期,剪纸作品取材广泛、构图饱满、造型生动、乡土气息浓郁,其中的黑色剪纸风格独特,是黄河文化的一个缩影。剪纸技艺传男不传女,自成一派,独具魅力。陕州剪纸被誉为"民俗奇葩,中原一绝",已入选国家级非物质文化遗产名录。

二、中国刺绣

中国刺绣又称丝绣、针绣,是中国优秀的民族传统工艺之一。

中国是世界上发现与使用蚕丝最早的国家,人们在四五千年前就已经开始养蚕、缫丝了。随着蚕丝的使用,丝织品的产生与发展,刺绣工艺也逐渐兴起。1958 年,在长沙楚墓中出土了龙凤图案的刺绣品,这是两千多年前中国古代战国时期的刺绣品,是现在已经发现的中国最早的刺绣实物之一。

(一) 刺绣的历史流变

刺绣作为一个地域广泛的手工艺品,各个国家、各个民族通过长期的积累和发展,都有其自身的特长和优势。在中国,苏州的苏绣、湖南的湘绣、四川的蜀绣、广东的粤绣各具特色,被誉为中国"四大名绣",还有京绣、鲁绣、汴绣、瓯绣、杭绣、汉绣、闽绣等地方名绣;中国的少数民族也都有自己特色的民族刺绣。

刺绣是以绣针引彩线(丝、绒、线),按设计的花样,在织物(丝绸、布帛)上刺缀运针,以绣迹构成纹样或文字,织成各种图案和色彩,古代称"黹""针黹",后因刺绣多为妇女所作,故又名"女红"。据《尚书》载,远在 4000 多年前的章服制度,就规定"衣画而裳绣"。至周代,有"绣缋共职"(以绣针引彩线,按设计的花样,在织物上刺缀运针,以绣迹构成纹样或文字)的记载。湖北和湖南出土的战国、两汉的绣品,水平都很高。唐宋刺绣施针匀细,设色丰富,盛行用刺绣作书画、饰件等。明清时封建王朝的宫廷绣工规模很大,民间刺绣也得到进一步发展,各具风格,延传至今,历久不衰。刺绣的针法丰富多彩,各有特色。

晚清至民国时期,中华民族灾难深重、内忧外患、战事不断。在这种情况下,刺绣与其他民族工商业一样,遭受前所未有的冲击。直到1949年新中国成立后,刺绣与其他手工业一样,得到了迅速的恢复和发展。许多地方为了保持发扬当地的刺绣技艺特色,纷纷成立了相应的研究机构,拨出专门的经费扶持推动刺绣技艺的整理和研究。特别是对流失于民间的许多刺绣绝技加以系统开发和利用,使刺绣的针法内容大为丰富,绣品更为美丽,品类也更为繁多。

(二) 中国四大名绣

四大名绣产生于19世纪中叶,除了本身的艺术特点外,也是绣品商业化的结果,是古丝绸之路的重要商品之一。由于市场需求和刺绣产地的不同,刺绣工艺品各具地方特色,其中苏、粤、蜀、湘四个地方的产品销路尤广,故有"四大名绣"之称。

1. 苏绣

苏绣,苏州地处江南,苏绣的发源地在今苏州吴中一带,临太湖,气候温和,盛产丝绸,素有妇女擅长绣花的传统习惯。优越的地理环境,绚丽丰富的锦缎,五颜六色的花线,为苏绣发展创造了有利条件。苏绣的图案多是以写生花鸟为题材内容,作品多为欣赏品。苏绣的艺人刺绣技法娴熟,绣工细致入微,可以运用多种针法和花线绣出形象逼真的精美绣品,被誉为"东方明珠"。

苏绣的主要艺术特点为:山水能分远近之趣;楼阁具现深邃之体;人物能有瞻眺生动之情;花鸟能报绰约亲昵之态。苏绣的仿画绣、写真绣逼真的艺术效果名满天下,人们在评价苏绣时往往以"平、齐、细、密、匀、顺、和、光"八个字概括之。苏绣艺人最擅长绣猫,把猫的眼睛绣得十分灵动、炯炯有神,是苏绣的代表佳作。

2. 粤绣

粤绣是广绣和潮绣的总称,至今已有 1000 多年的历史。唐代苏颚《杜阳杂编》中就已有南海(今广州番禺)少女卢眉娘"工巧无比,能于尺绢绣《法华经》七卷"的记载。唐代广东刺绣的工艺水平已非同一般。唐玄宗时,岭南节度使张九皋进献精品刺绣给杨贵妃,获加官三品,可见当时最高阶层对粤绣欣赏有加。

广东绣工大多是广州、潮州男子,为世所罕见。主要有衣饰、挂屏、裙褂、屏心、团扇、扇套等绣品。粤绣的特点是:色彩十分艳丽,图案丰富,纹理分明,针法多变,而且具有装饰性和对称性。常以凤凰、牡丹、松鹤、猿、鹿以及鸡、鹅为题材。粤绣最具有艺术特色的是龙凤题材,其中"百鸟朝凤"是粤绣优秀作品的代表作之一。粤绣的另一类名品是用织金缎或钉金衬底,也就是著名的钉金绣,尤其是加衬高浮垫的金绒绣,更是金碧辉煌、气魄浑厚,多用作戏衣、舞台陈设品和寺院庙宇的陈设绣品,适用于渲染热烈欢庆的气氛。

3. 蜀绣

蜀绣,亦称"川绣",指以成都为代表的四川刺绣。蜀绣的历史也很悠久,据晋代常璩《华阳国志》中记载,当时蜀中的刺绣已十分闻名,并把蜀绣与蜀锦并列,视为蜀地名产。最初,蜀绣主要流行于民间,分布在成都平原,世代相传。蜀绣的纯观赏品相对较少,以日用品居多,取材多是花鸟虫鱼、民间吉语和传统纹饰等,颇具喜庆色彩,绣制在被面、枕套、衣、鞋及画屏上。清中后期,蜀绣在当地传统刺绣技法的基础上吸取了顾绣和苏绣的长处,一跃成为全国重要的商品绣之一。蜀绣用针工整、平齐光亮、丝路清晰、不加代笔,花纹边缘如同刀切斧刻般齐整,色彩鲜丽。

4. 湘绣

湘绣,是以湖南长沙为中心的刺绣产品的总称。湘绣的特点是用丝绒线(无拈绒线)绣花,将绒丝在溶液中进行处理,防止起毛,这种绣品当地称作"羊毛细绣"。湘绣成功地运用我国传统国画的技艺方法,使其具有独特的艺术风格和效果。湘绣的构图章法严谨、形态生动,曾有"绣花花生香,绣鸟能听声,绣虎能奔跑,绣人能传神"的美誉。湘绣人文画的配色特点以深浅灰和黑白为主,素雅如水墨画;湘绣日用品的色彩艳丽,图案纹饰的装饰性较强。湘绣艺人最擅长绣狮虎,可以使静态的绣品绣出逼真和传神的神韵,为中华和世界所瞩目。

第四节　中国古典艺术与老年生活

近年来,我们国家的老年人在物质生活的基本需求得以满足后,对精神文化的需求格外凸显。特别是部分老年人在退休后由社会回归家庭,会出现不同的心理落差,时间久了就会导致自身出现不同程度的心理障碍,常常被情绪阴影笼罩。

为此,早在2014年国家就提出了"老有所养、老有所乐"的健康养老口号,在国家的号召下,无数社区组建了老年艺术团,将爱好艺术的老年人集聚在一起,形成一个团体性艺术交流学习组织,推动艺术活动的开展,丰富老年人退休生活。中国古典艺术中的各种内容,在一定程度上使老龄人群的身心得以修养,生活丰富多彩。

一、书画与养生

自古书家多高寿。因为经常练书法的人,不仅能得到艺术上的享受,而且能增进身体健康。著名的书法家潘伯鹰说:"心中狂喜之时,写毛笔字,能使头脑冷静下来;心中忧闷之时,写毛笔字,又能精神愉快。"这些深刻体会,说明书法能调节人的精神情感,益于健康。学习书法的确可以凝神静气,修身养性,一些大书画家的寿龄都比一般人长:虞世南80岁、欧阳询85岁、柳公权88岁、吴昌硕84岁、齐白石97岁、启功94岁、苏局仙105岁……

书法与太极拳有相通之处,与气功有异曲同工之效。"一管在手,万念俱消"。书画创作时,需绝虑凝神,心平气静,一心追求墨迹的完美,能使大脑"入静"。作品完成之后,便有一番美的艺术享受。创作欲得到满足,喜悦之情油然而生,赏心悦目的良性刺激,在艺术美的享受之中,达到养生的目的。书画家特别是山水画家,大多处世乐观、为人豁达、心胸开阔。这得益于他们壮游万里,饱览大好河山的无限风光之后,能做到胸襟坦荡,甚至心态超然。

书画创作可说是最适合老年人的艺术种类之一。它不仅是中国文化、美学思想、哲学观念的集中体现,更有着源远流长和辉煌灿烂的艺术成就,同时兼具修身养性之功能,深受老年群体喜爱。

二、音乐舞蹈与养生

中国的民族音乐,就那些传统名曲来说,如《将军令》《雨打芭蕉》《二泉映月》《渔舟晚唱》《汉宫秋月》《平沙落雁》等,听之能让身心有一种宁静、舒坦、开阔、安谧的感觉;听二胡等乐器演奏的《听松》,豪放有力,使人心胸宽广,有奋发前进的感觉,令人忘俗;琵琶古曲《夕阳箫鼓》(又名《浔阳琵琶》《浔阳夜月》)据说是唐代遗留下来的,以琵琶、箫、胡琴等乐器大合奏听起来令人心旷神怡。音乐对老年人养生大有裨益。

其一,音乐可以帮助治疗疾病。数千年来中国医学认为,音乐对于身心疾病患者有很大助益。早在唐代之前中国已经发展出了宫、商、角、徵、羽五音调和心、肝、脾、肺、肾五脏的音乐治疗理论,认为五音六律对养生、保健、医治疾病很有作用。人体是由许多有规律的振动系统构成的，人的脑电波运动、心脏搏动、肺的纾解、肠胃的蠕动以及自律神经活动，都有一定的节奏。当人生病时，体内节奏处于异常状态，选择相应的乐曲，借助于音乐产生的和谐愉悦，使人体各脏器振频活动更加协调，从而有利于患者恢复健康。

其二，音乐可以缓解情绪压力。研究者认为，音乐的确有纾解情绪、降低压力及焦虑的疗效，音乐的节奏、音调的高低起伏都会感染人们的内心深处无法用言语表达的感情。有些老年人退休在家后，由于无所事事产生了一种孤独寂寞的感觉，或者是由于某些外在的压力很容易产生一种焦虑感，听音乐可以帮助老年人缓解情绪压力，有助于其以积极乐观的态度面对生活。

其三，音乐可以帮助治疗抑郁症。老年人是抑郁症的高发人群，一些老年人由于退休、丧偶、子女离家等原因，成为抑郁症患者。节奏鲜明的音乐能振奋人的情绪，优美的旋律和悠扬的乐曲能使人安静、轻松和愉快。由于音乐能影响人的情绪活动，因此可以借此达到治病的目的。

除了欣赏音乐之外，学跳舞可以增加关节的灵活度和柔软度，减慢骨骼的衰老。俗话说，人老腿先老，学跳舞可以锻炼腿部，常跳舞可以使人走路轻盈，减少受伤概率。选择强度适中的舞蹈，增强中老年人的心肺功能、促进血液循环，有利于身体健康。跳舞能认识许多朋友，增进彼此间的友谊，可以建立良好的新的人际关系，有助于保持心态年轻，人的心情很容易放松。中老年人经常情不自禁地想到衰老这个话题，或者为家庭琐事而整日忧心忡忡，这很正常,参加集体活动,与人沟通交流,这样能缓解精神压力,同时有效避免老年抑郁症。

三、手工剪纸益处多

在中国古典艺术种类中,手工剪纸也能给老年生活带来极大好处。

其一,能舒筋活络,延缓大脑衰老。剪纸的过程主要是以手指为中心进行活动,经常画画剪剪,能够练习手腕和手指的关节与小肌肉群的协调能力。人的双手通过神经末梢与大脑有着极其密切的联系,经常活动手指,可以使大脑皮层得到刺激,防止脑退化,对老年痴呆也可起到预防作用。此外,手部还有一些反射区,刺激它们还可以达到防病治病的目的。

其二,能提高专注力,缓解紧张情绪。完成一件剪纸作品可以使人安静下来,将思想集中于手上,排除各类杂念,消除紧张状态,使身心得到放松。在剪纸的过程中还会遇到很多的问题,如果能坚持做完,也是有毅力的表现。

其三,能陶冶情操,修身养性。剪纸的题材多种多样,或是来源于日常,或是取材于民间故事,只要心中有图案,手上就可以剪。动手剪纸的过程也是学习知识的过程,在玩中愉快地学习,既有生活乐趣,还能陶冶情操。

其四,能增强自信心,促进情感交流。人越上年纪越怕孤独,老年朋友们在一起聊聊天、做做手工剪纸,不仅可以排遣寂寞情绪,还能增加彼此的友谊。还可以将自己亲手制作的剪纸做成贺卡,或装裱成室内装饰品赠送给亲朋好友,在给自己和朋友带来喜悦的同时,也增加了成就感。

手工剪纸材料虽然简单,但剪纸的图案体现了个人的爱好、思想和毅力。老年朋友们剪时要有耐心,不要急于求成,如果剪坏了也不要灰心,可以放下剪刀,起身活动十分钟,再重新开始剪,动静结合,才是养生之道。剪纸入门容易,学精较难,普通的窗花,学习几天就可以,但是,复杂的艺术剪纸,就要看毅力和悟性了。老年朋友如果对剪纸有兴趣,不妨平时多搜集一些优秀的剪纸作品,多欣赏并加以研究。

思考与拓展

1. 你喜欢的古典音乐有哪些?喜欢的原因是什么?

2. 京剧为什么被称为中国的国粹?

3. 如何传承和创新中国古典艺术?

4. 河南省三门峡市陕州区的剪纸有什么特色?

5. 学习中国古典艺术对老年生活有什么益处?

第五章
中国传统民俗

第一节　中国节气

一、二十四节气由来

二十四节气,是上古农耕文明的产物,是中华民族智慧的结晶,最初是依据斗转星移制定的。古人根据北斗七星在夜空中的指向,指导农业生产不误时节。西汉武帝时期将"二十四节气"纳入《太初历》作为指导农事的历法补充,采用圭表测影法在黄河流域测定节气。

"二十四节气"是根据太阳在回归黄道上的位置(太阳黄经度数)来定的,即在一个为360度圆周的"黄道"(一年当中太阳在天球上的视路径)上,划分为24等份,每15度一等份,以春分点为0度起点,按黄经度数编排。也就是说,太阳从春分点的黄经0度出发,此刻太阳垂直照射赤道,每前进 15 度为一个节气;运行一周又回到春分点,为一回归年,24 个节气正好 360 度,太阳在黄道上每运行 15 度为一个"节气"。[①] 这个划分方法自 1645 年起沿用至今。

中国二十四节气,被世界气象界誉为"中国第五大发明",还被列入联合国教科文组织人类非物质文化遗产代表作名录,广受关注。

据史料记载,二十四节气的形成可以追溯到炎帝时代。

现在建筑物前的装饰物华表柱,在炎帝时代是观天测地的一种仪器。人们立木为竿,以日影长度测定方位、时间、节气,并以此观测恒星的周期。早期先民也是靠这种"日晷"划分出了二十四节气,并由此认识到"天圆地方"的宇宙观念。如此看来,节气的发明至少有 6000 年了。

之后,在《尚书·尧典》中出现了"日中""日永""宵中""日短"的记载,相当于春分、夏至、秋分、冬至四个节气;《周礼》中有"冬夏致日,春秋致月,以辨四时之叙""冬日至,于地上之圜丘奏之……夏日至,于泽中之方丘奏之"的记载,明确提出了"冬至"和"夏至"的说法。《吕氏春秋》中出现了"日夜分(春分和秋分)""夏至""冬至""立春""立夏""立秋""立冬""始雨水""小暑至""霜始降"等称呼。到了西汉年间,二十四节气完全确立。

公元前 104 年,由落下闳、邓平制定的《太初历》正式把二十四节气定为历法,明确了二十四节气的天文位置。《淮南子·天文训》则完整地记录了二十四节气的名称、天气与物候的对应。

---

①二十四节气的来历. 中华农历网. 2014-05-08.

二、节气划分

中国古代用农历(月亮历)记时,用阳历(太阳历)划分春夏秋冬二十四节气。地球绕太阳一周的时间为一年,一年 365 天(平年365 天,闰年 366 天),分 12 个月。由于太阳光照射到地球上位置的不同而冷暖气温不同,因此产生了春、夏、秋、冬四个季节。在长期的劳动实践中,通过对大自然的细心观察,先民们总结出一套大自然运转的规律——一个季节可细分为六个节气,四个季节为二十四个节气。二十四节气依次为:立春、雨水、惊蛰、春分、清明、谷雨、立夏、小满、芒种、夏至、小暑、大暑、立秋、处暑、白露、秋分、寒露、霜降、立冬、小雪、大雪、冬至、小寒、大寒。

为方便人们记忆,取每个节气中的一个字编成二十四节气歌诀:

春雨惊春清谷天,夏满芒夏暑相连,

秋处露秋寒霜降,冬雪雪冬小大寒。

在二十四节气中,反映季节的是立春、春分、立夏、夏至、立秋、秋分、立冬、冬至;反映物候现象的是惊蛰、清明、小满、芒种;反映气候变化的有雨水、谷雨、小暑、大暑、处暑、白露、寒露、霜降、小雪、大雪、小寒、大寒。

立春、立夏、立秋、立冬:指的是划分四季的方法。立,开始,即春、夏、秋、冬开始的意思。立春的日期为每年公历 2 月 4 日前后;立夏为每年公历 5 月 6 日前后;立秋为每年公历 8 月 8 日前后;立冬为每年公历 11 月 7 日前后。

春分、秋分:表示昼夜平分。这两天昼夜时长相等,同时,春分和秋分又把春天和秋天分成两段。春分为每年公历 3 月 21 日前后;秋分为每年公历 9 月 23 日前后。

夏至、冬至:是指炎热的夏天、寒冷的冬天已经来到。一年中夏至日的白昼最长,冬至日的白昼最短,因此古人分别称之为日长至和日短至。夏至为每年公历 6 月 22 日前后;冬至为每年公历 12 月 22 日前后。

雨水:指干旱期已经过去,降雨开始逐渐增多。雨水为每年公历 2 月 19 日前后。

惊蛰:动物冬眠叫入蛰,复苏后叫惊蛰,古人认为,是春天的隆隆雷声惊醒了冬眠的动物,故曰惊蛰。惊蛰为每年公历 3 月 6 日前后。

清明:是指春回大地,天气清明洁净,草木新发青葱的时令。清明的日期为每年公历的 4 月 5 日前后。

谷雨:古人云"雨生百谷之意"。此时雨水充沛,促使农作物苗壮成长。谷雨的日期为每年公历 4 月 20 日前后。

小满:指夏季的农作物开始结穗,但颗粒尚未饱满,正在成熟期。小满为每年公历 5 月 21 日前后。

芒种:指有芒的大麦、小麦等农作物已经成熟,可以收割。

小暑、大暑:都是表示炎热的意思。小暑是指刚开始热的时候;大暑是一年中最热的时候。小暑为每年公历 7 月 7 日前后;大暑为每年公历 7 月 23 日前后。

处暑:指天气转凉,炎热的夏季已经结束、隐藏起来。处暑为每年公历8月23日前后。

白露、寒露:气温降低,夜间的雾气已经可以凝结成白色、晶莹的露珠了。白露为每年公历9月8日前后;寒露为每年公历10月8日前后。

霜降:此时天气越来越冷了,水汽凝结成了颗粒状的白霜。霜降为每年公历10月23日前后。

小雪、大雪:入冬以后开始下雪,小雪和大雪表示落雪的程度。天气越冷雪就越大。小雪为每年公历11月22日前后;大雪为每年公历12月7日前后。

小寒、大寒:表示寒冷的程度。小寒指寒冷初期;大寒指一年中最冷的日子。小寒为每年公历1月6日前后;大寒为每年公历1月20日前后。

每个节气对应适宜的农务,以便指导农业生产。也因此产生了许多民谚,如:"种田无定例,全靠看节气。立春阳气转,雨水沿河边。""惊蛰乌鸦叫,春分滴水干。清明忙种粟,谷雨种大田。""立夏鹅毛住,小满雀来全。芒种大家乐,夏至不着棉。""白露快割地,秋分无生田。寒露不算冷,霜降变了天。""立冬先封地,小雪河封严。大雪交冬月,冬至数九天。""小寒忙买办,大寒要过年。"

二十四节气是我国独创,也是世界天文史上的一个重要发现。二十四节气的制定,综合了天文学和气象学以及农作物生长特点等多方面知识,它比较准确地反映了一年中的自然特征,所以至今仍然在农业生产中使用,得到广大农民信赖。

第二节　传统节日

一、传统节日的起源与发展

据现代人类学、考古学的研究成果表明，人类最原始的两种信仰：一是天地信仰，二是祖先信仰。天地信仰和祖先信仰产生于人类初期对自然界以及祖先的崇拜，由此产生了各种崇拜祭祀活动。古代农耕社会的人们在安居乐业之余，择日拜神祭祖，便有了各种定期节日，拜神、祭祖、丰盛的祭贡品发展出节日宴饮活动，也渐渐形成一些约定俗成的庆祝方式，即所谓节庆民俗。这些节俗活动，清晰地记录着古人丰富多彩的社会生活内容，也积淀着博大精深的中国历史文化内涵。

早期的节日文化，反映的是古人自然崇拜、天人合一、慎终追远、固本思源的人文精神。中华民族的传统节日形式多样，内容丰富，是中华民族悠久的历史文化的一个重要的组成部分，是构成文明国家的基本框架。

大部分节日习俗在上古时代就已有雏形，但是其中风俗内容的丰富与流行，经过一个漫长的发展过程。

先秦时期，由于南北风俗各异，尚未融合普及，很多古已有之的节俗活动在中原文献鲜有记载。

汉代是中国统一后第一个大发展时期，南北的经济文化交流使风俗习惯也互相融合,这对节日习俗的传播普及提供了良好的社会条件。汉后南北文化上的交流使节俗融合传播,主要的传统节日都已经普及到全国各地。

节日发展到唐代,已经从原始祭拜严肃的气氛中转为娱乐礼仪,从此节日变得丰富多彩,许多体育、享乐的活动内容出现,并很快成为一种时尚流行开来,这些风俗一直延续发展,经久不衰。可以说唐代是传统节日习俗糅合定型的重要时期,其主体部分传承至今。但在历史演变中,由于朝代更迭、历法变动,有些节日在日期上古今不同。

传统节日的产生体现了中华民族对自然的认识和尊重,蕴含着厚重的历史与人文情怀,拥有丰富的文化内涵和精神核心。通过多种多样的形式,各族人民在节日中表达出民族的价值和思想、道德和伦理、行为和规范、审美和情趣,也凝聚着千百年来人们对幸福生活的积极向往和执着追求。在漫长的历史长河中,历代的文人雅士、诗人墨客,为一个个节日谱写了许多千古名篇,这些诗文脍炙人口,被广泛传颂,使中国的传统节日蕴含了深厚的文化底蕴,精彩而浪漫。

仪式让传统节日变得庄重而富有意义,为生活增添了趣味和意义。通过举办仪式,人们可以领略到人生的美好、自然的瑰丽,人性的善良,感受到对生命的虔诚和更高层次的精神享受。

二、中国传统节日介绍

（一）春节

春节，即农历新年，俗称新春、新岁、岁旦等，人们口头上又称过年、过大年。春节历史悠久，由上古时代岁首祈岁祭祀演变而来。汉代以前春节为干支历的岁首立春，后来演变为夏历正月初一（即农历正月初一）。现在的春节时间，狭义指农历正月初一，广义指农历正月初一至正月十五。

春节的起源蕴含着深邃的文化内涵，在传承发展中承载了丰厚的历史文化底蕴。在早期观象授时时代，依据斗转星移定岁时，"斗柄回寅"为岁首。"斗柄回寅"大地回春，终而复始，万象更新，新的一个轮回由此开启。在传统的农耕社会，立春岁首具有重要的意义，衍生了大量与之相关的岁首节俗文化。在历史发展中虽然使用历法不同而岁首节庆日期不同，但是其节庆框架以及许多民俗沿承了下来。

百节年为首，中国过年历史悠久，在传承发展中已形成了一些较为固定的习俗，如办年货、扫尘、贴春联、团圆饭、守岁、压岁钱、拜岁、拜年、舞龙舞狮、拜神祭祖、烧炮竹、烧烟花、游神赛会、年例、押舟、祈福、庙会、游锣鼓、上灯酒、赏花灯等习俗。受到中华文化的影响，世界上一些国家和地区也有庆贺新春的习俗。据不完全统计，已有近20个国家和地区把中国春节定为整体或者所辖部分城市的法定节假日。

（二）元宵节

元宵节，又称灯节、小正月、元夕、上元节，为每年农历正月十五日，是中国的传统节日之一。正月是农历的元月，古人称"夜"为"宵"，正月十五日是一年中第一个月圆之夜，所以称正月十五为"元宵节"。元宵节自古以来就以热烈喜庆的观灯习俗为主。元宵节俗的形成有一个较长的过程，根源于民间开灯祈福古俗。开灯祈福通常在正月十四夜便开始"试灯"，十五日夜为"正灯"，民间要点灯盏，又称"送灯盏"，以进行祭神祈福活动。正月十五燃灯习俗的兴起也与佛教东传有关，唐朝时佛教大兴，仕官百姓普遍在正月十五这一天"燃灯供佛"，佛家灯火于是遍布民间，从唐代起元宵张灯即成为法定之事。根据道教"三元"的说法，正月十五日又称为"上元节"。

元宵节的节期与节俗活动，是随历史的发展而延长、扩展的。就节期长短而言，汉代才一天，到唐代已为三天，宋代则长达五天，明代更是自初八点灯，一直到正月十七的夜里才落灯，是中国历史上最长的灯节，与春节相接，白昼为市，热闹非凡。

在宋代，元宵节还是一个充满浪漫色彩的节日。平日里足不出户的女子可在这天出门赏灯，这也为青年男女提供了相遇机会。可见，元宵节为人们创造了一个传情达意的好机会，也是中国古代的"情人节"。

至清代，又增加了舞龙、舞狮、跑旱船、踩高跷、扭秧歌等"百戏"内容，只是节期缩短为四到五天。

由于元宵节有张灯、看灯的习俗,民间又习称为"灯节"。元宵节主要有赏花灯、吃汤圆、猜灯谜、放烟花等一系列传统民俗活动。此外,不少地方元宵节还增加了耍龙灯、耍狮子、踩高跷、划旱船、扭秧歌、打太平鼓等民俗表演。

(三)龙抬头

龙抬头,为每年的农历二月初二,又称春耕节、农事节、青龙节、春龙节等,是中国民间传统节日。"龙"指的是二十八宿中的东方苍龙七宿星象,每岁仲春卯月(斗指正东)之初,"龙角星"就从东方地平线上升起,故称"龙抬头"。

龙是神话里生活在大海中的神异生物,司掌行云布雨,常用来象征祥瑞。在农耕文化中,"龙抬头"标示着阳气生发,雨水增多,万物生机盎然,春耕由此开始。自古以来人们亦将龙抬头日作为一个祈求风调雨顺、驱邪攘灾、纳祥转运的日子。"龙抬头"虽有着久远的历史源头,出现在文献上将龙抬头与节俗联系在一起是在元代后。元时期把"二月初二"称为"龙抬头"的日子。农历二月已进入仲春季节,"二月二"处在二十四节气的"雨水""惊蛰""春分"之间。

在中国南方地区,二月二是土地公公的生日,称"土地诞",为给土地公公"暖寿"。在浙江、福建、广东、广西等地区"二月二"普遍奉祀土地神。有的地方有举办"土地会"的习俗,家家凑钱为土地神祝贺生日,到土地庙烧香祭祀,敲锣鼓,放鞭炮。

(四)清明节

清明节,又称踏青节、行清节、三月节、祭祖节等,节期在仲春与暮春之交，干支历节气清明当日，公历 4 月 5 日。清明节源自上古时代的祖先信仰与春祭礼俗，兼具自然与人文两大内涵，既是自然节气点，也是传统节日。

清明节是传统的重大春祭节日，扫墓祭祀、缅怀祖先，是中华民族数千年以来的优良传统。清明时节，万物"吐故纳新"，大地呈现春和景明之象，正是郊外踏青春游与行清墓祭的好时节。清明节融汇自然节气与人文风俗为一体，是天时地利人和的合一，充分体现了中华民族先祖们追求"天、地、人"的和谐合一，讲究顺应天时地利、遵循自然规律的思想。

经历史发展，清明节在唐宋后融合了寒食节与上巳节的习俗，杂糅了多地多种民俗为一体，具有极为丰富的文化内涵。全国各地因地域文化不同而又存在着习俗内容上或细节上的差异，各地节日活动虽不尽相同，但扫墓祭祖、踏青郊游是共同基本礼俗主题。

清明节与春节、端午节、中秋节并称为中国四大传统节日。除了中国，世界上还有一些国家和地区也过清明节，比如越南、韩国、马来西亚、新加坡等。2006 年 5 月 20 日，中华人民共和国文化部申报的清明节经国务院批准列入第一批国家级非物质文化遗产名录。

（五）端午节

端午节，又称端阳节、重午节、龙舟节、正阳节等，汉代之前为干支历午月午日，汉代之后演变为农历五月初五。古人历来崇尚中、正之道，"端午"的"端"字本义为"正"，"午"为"中"。"端午"，

"中正"也,这天午时则为正中之正。

端午节源自天象崇拜,由上古时代祭龙演变而来。中国古代的星象文化源远流长、博大精深,上古时代人们根据日月星辰的运行轨迹和位置,将黄道和赤道附近的区域分作"二十八宿",在东方的"角、亢、氐、房、心、尾、箕"组成一个完整的龙形星象,即为"苍龙七宿"。仲夏端午苍龙整个星座都出现在天空中最显著的位置,是"飞龙在天"的吉祥日子,人们在端午举行一些庆贺活动,特别是与龙相应的活动元素,如祭龙祭祖、扒龙舟等,又或借此吉日做一些祈福辟邪的活动等。

总的来说,端午节起源于江浙地区吴越部族的龙图腾祭祀,注入夏季时令"祛病防疫"风尚,因传说战国时期的楚国诗人屈原在端午抱石跳汨罗江自尽,后来人们亦将端午节作为纪念屈原的节日;个别地方也有纪念伍子胥、曹娥及介子推等说法。最后形成了如今端午节文化内涵。

端午节的节俗以祈福纳祥、压邪攘灾等形式展开,内容丰富多彩,热闹喜庆。祈福纳祥类习俗主要有:扒龙舟(早在约 5000 年至7000 年前,就有了独木舟和木桨,龙舟最初原形是单木舟上雕刻龙形的独木舟,后来发展为木板制作的龙形船)、祭龙、放纸龙等;压邪攘灾类习俗主要有:挂艾草、浸龙舟水、洗草药水、拴五色彩线、佩香囊等;节庆食品主要有:粽子、五黄等。在传统节日中,论民俗之繁多复杂,或只有端午节能和春节比拟,其习俗蕴含着祈福、消灾等文化内涵,寄托了人们一种迎祥纳福、辟邪除灾的美好愿望。

（六）七夕节

七夕节，又称七巧节、七姐节、女儿节、乞巧节、七娘会、巧夕等，是中国民间的传统节日，七夕节乞巧是向七姐（织女）祈求心灵手巧，希望婚姻幸福，家庭美满。在福建闽南、浙江温岭和台湾等地区也称"七姐诞"，即为拜"七娘妈"，"七娘妈"是保护孩子平安和健康的天仙，因拜祭活动在七月七日晚上举行，故名"七夕"。

七夕节起始于上古，普及于西汉，鼎盛于宋代。在七夕的众多民俗当中，有些逐渐消失，但还有相当一部分被人们延续了下来。七夕节是一个以"牛郎织女"民间传说为载体，以祈福、乞巧、爱情为主题，以女性为主体的综合性节日。古时候世间无数的有情男女会在这个晚上，对着星空祈祷自己的姻缘美满，因被赋予了与爱情有关的内涵，使其成了象征爱情的节日，从而被认为是中国最具浪漫色彩的传统节日，在当代更是产生了"中国情人节"的文化含义。

七夕节发源于中国，在部分受中华文化影响的亚洲国家如日本、朝鲜、韩国、越南等也有庆祝七夕的传统。2006 年 5 月 20 日，七夕节被中华人民共和国国务院列入第一批国家级非物质文化遗产名录。

（七）中秋节

中秋节，又称月夕、秋节、仲秋节、拜月节、团圆节等，时间为农历八月十五，是中国民间的传统节日。

中秋节源自天象崇拜，由上古时代秋夕祭月演变而来。中秋节自古便有祭月、赏月、吃月饼、玩花灯、赏桂花、饮桂花酒等民俗，流传至今。

中秋节起源于上古时代，定型于唐朝初年，盛行于宋朝。至明清时，中秋已与年节齐名，成为中国民间的主要节日之一。"团圆"是老子"道法自然"的产物，是"天人合一"哲学理念的高度体现，是中华民族特有的文化价值理念。花好月圆之夜，就是骨肉团圆之时，中秋节以月之圆昭示人之团圆，寄托思念故乡、思念亲人之情，祈盼丰收、幸福，成为丰富多彩、弥足珍贵的文化遗产。

"中秋"一词最早出现在汉代文献《周礼》，其中记载有"中秋夜迎寒""中秋献良裘""秋分夕月（拜月）"。到了唐代时，将中秋与嫦娥奔月、吴刚伐桂、玉兔捣药等神话故事结合起来。北宋时期，定阴历"八月十五"为中秋节，并出现"小饼如嚼月，中有酥和饴"的节令食品记载。明清两朝的赏月活动，盛行不衰。"其祭果饼必圆"，饼最初是用来祭奉月神的祭品，后来人们逐渐把中秋赏月，闻着阵阵桂香，喝一杯桂花蜜酒，品尝象征团圆的月饼，作为中秋节的重要仪式。

另外，中秋观潮的习俗由来已久。在古代，浙江一带，除中秋赏月外，观潮可谓中秋又一盛事。

中秋玩花灯，多集中在南方，广东地区将花灯挂于高处，称"树中秋"或"竖中秋"，即是将灯彩高竖起来之意。

（八）重阳节

重阳节，为每年的农历九月初九日，是中国民间的传统节日。

《易经》中把"九"定为阳数,"九九"两阳数相重,故曰"重阳";因日与月皆逢九,故又称为"重九"。九九归真,一元肇始,古人认为九九重阳是吉祥的日子。古时民间在重阳节有登高祈福、秋游赏菊、佩插茱萸、拜神祭祖及饮宴求寿等习俗。2013年7月1日起实施的《老年人权益保障法》中规定:"每年农历九月九日为老年节。"传统与现代巧妙地结合,又添加了敬老等内涵,登高赏秋与感恩敬老是当今重阳节日活动的两大重要主题。

重阳节的源头,可追溯到上古时代。《吕氏春秋·季秋纪》有载,古人在九月农作物丰收之时祭天帝、祭祖先,以谢天帝、祖先恩德的活动,这是重阳节作为秋季丰收祭祀活动而存在的原始形式。重阳节起始于上古,成型于春秋战国,普及于西汉,鼎盛于唐代以后。唐代是传统节日习俗糅合定型的重要时期,其主体部分传承。

重阳祭祖民俗相沿数千年,是具有深刻意义的一个古老民俗。重阳节在历史发展演变中杂糅多种民俗为一体,承载了丰富的文化内涵。

(九)寒衣节

寒衣节,农历十月初一,又称"十月朝""祭祖节""冥阴节"等。寒衣节流行于中国北方地区,不少北方人会在这一天祭扫,纪念仙逝的亲人,谓之"送寒衣"。同时,这一天也标志着严冬的到来,所以也是为父母爱人等所关心的人送御寒衣物的日子。农历十月初一祭祀祖先,有家祭、也有墓祭。寒衣节在南方等地鲜有人知道。

(十)冬至

冬至,又称日南至、冬节、亚岁等,兼具自然与人文两大内涵,既是二十四节气中一个重要的节气,也是中国民间的传统祭祖节日,时间是阳历每年12月22日左右。冬至是四时八节之一,被视为冬季的大节日,在古代民间有"冬至大如年"的说法。冬至习俗因地域不同而又存在着习俗内容或细节上的差异。在中国南方地区,有冬至祭祖、宴饮的习俗。在中国北方地区,有冬至日吃饺子的习俗。

从节气规律来说,立春是"阴阳"之气中阳气升发的始点,自立春起阴阳转化,阳气上升,立春标示着万物更生、新轮回开启,而冬至则是太阳回返的始点,自冬至起太阳高度回升、白昼逐日增长,冬至标示着太阳新生、太阳往返运动进入新的循环,所以古人也把冬至看作"大吉之日"。在时年八节当中,冬至的重要程度不亚于立春岁节。

(十一)腊八节

腊八节,俗称"腊八",节期在每年农历十二月初八,主要流行于中国北方,这节日的习俗是"喝腊八粥"。腊八是佛教盛大的节日之一,这天是佛祖释迦牟尼成道之日,又称为"法宝节""佛成道节""成道会"等。"腊八"一词源于南北朝时期,当时又称"腊日",本为佛教节日,后经历代演变,逐渐成为家喻户晓的民间节日。关于腊八粥最早的文字记载在宋代。南宋吴自牧《梦粱录》载:"此月八日,寺院谓之腊八。大刹等寺,俱设五味粥,名曰腊八粥。"中国喝腊八粥的历史,已有1000年以上了。每逢腊八这天,不论是朝廷官府、寺院还是黎民百姓家都要做腊八粥。到了清朝,喝腊八粥的风俗更是盛行。

（十二）小年

小年，并非专指一个日子，由于各地风俗，被称为"小年"的日子也不尽相同。小年期间主要的民俗活动有扫尘、祭灶等。清朝前期和中期，祭灶一直是腊月二十四，而且至少到乾隆时期，都是腊月二十四祭祀。从清朝中后期开始，帝王家就于腊月二十三举行祭天大典，为了"节省开支"，顺便把灶王爷也给拜了，因此北方地区民间百姓相效仿多在腊月二十三过小年。南方大部分地区，仍然保持着腊月二十四过小年的古老传统。

（十三）除夕

除夕，除，即去除之意；夕，指夜晚，"除夕"又称大年夜、除夕夜、除夜等，为岁末的最后一天夜晚，意为旧岁至此而除，另换新岁，时间为农历腊月二十九或三十。

除夕作为年尾的节日，源自上古时代岁末除旧布新、祭祀祖先风俗，与清明节、七月半、重阳节一样是中国民间传统的祭祖大节。除夕，在国人心中是具有特殊意义的，漂泊再远的游子也是要赶着回家去和家人团聚，在爆竹声中辞旧岁，烟花满天迎新春。"除夕"与新年首尾相连，谓之"岁穷月尽、挨年近晚"，是新一年的前夕，是除旧迎新的重要时间交界点。

除夕主要有贴年红、年夜饭、压岁钱、辞岁、守岁等习俗。除夕，全家人在一起吃"团圆饭"，有一家人团聚过年的味道。除夕守岁是年俗活动之一，由来已久。古时南北风俗各异，古时北方守岁习俗主要为"熬年夜"（通宵守夜），如晋朝周处所著的《风土记》中说:除夕之夜大家各相与赠送,称"馈岁";长幼聚欢,祝颂完备,称"分岁";终岁不眠,以待天明,称"守岁"。有的地方在除夕之夜,全家团聚在一起,吃过年夜饭,点起蜡烛或油灯,围坐炉旁闲聊,通宵守夜,期待着新的一年吉祥如意。

第三节　嫁娶婚俗

一、婚礼源起

婚姻两字,古代写作"昏因","昏因之道,谓嫁娶之礼","男以昏时迎女,女因男而来。嫁,谓女适夫家;娶谓男往娶女。论其男女之身谓之嫁娶,指其合好之际,谓之昏因",这些都是古人对婚姻的解注。

汉族先人认为黄昏是吉时,所以会在黄昏行娶妻之礼,因此夫妻结合的礼仪称为"昏礼",后来演化为婚礼。认为红是吉祥的象征,所以传统婚礼习俗总以大红色烘托着喜庆、热烈的气氛。吉祥、祝福、孝敬成为婚礼上的主旨,几乎婚礼中的每一项礼仪都渗透着中国人的哲学思想。

相传汉族最早的婚姻关系和婚礼仪式从伏羲氏制嫁娶、女娲立媒妁开始。《通鉴外纪》载:"上古男女无别,太昊始设嫁娶,以俪皮(成对的鹿皮)为礼。"从此,俪皮就成了经典的婚礼聘礼之一。之后,除了"俪皮之礼"之外,还得"必告父母";到了夏商,又出现了

"亲迎于庭""亲迎于堂"的仪节。周代是礼仪的集大成时代,彼时形成了一套完整的婚姻礼仪,《仪礼》中有详细规制,整套仪式合为"六礼"(包括纳采、问名、纳吉、纳征、请期、亲迎),六礼婚制从此为华夏传统婚礼的模板。

二、礼俗

中国婚礼文化从古至今已经有上千年的历史,在无形中已经形成一种独具风格的传统喜文化特征,虽然经过多年的变迁,有些风俗习惯已经被遗忘,但是遗留下来的风俗习惯一样独具魅力。三书六礼是中国的传统婚姻习俗礼仪之一,传统婚礼习俗有一定的地方差异。

(一)三书

按照汉族传统的礼法,指的是礼聘过程中来往的文书,分别是"聘书"——定亲之书,在订婚时交换;"礼书"——礼物清单,当中详列礼物种类及数量,过大礼时交换;"迎书"——迎娶新娘之书,结婚当日接新娘过门时用。

(二)六礼

六礼是指由求亲、说媒到迎娶、完婚的手续。分别为"纳采"——俗称说媒,即男方家请媒人去女方家提亲,女方家答应议婚后,男方家备礼前去求婚;"问名"——俗称合八字,托媒人请问女方出生年月日和姓名,准备合婚的仪式;"纳吉"——即男方家卜得吉兆后,备礼通知女方家,婚事初步议定;"纳征"——又称过大礼,男方选定吉日到女方家举行订婚大礼;"请期"——择吉日完婚,旧时选择吉日一般多为双月双日;"亲迎"——婚礼当天,男方带迎书亲自到女方家迎娶新娘。

(三) 安床

在婚礼前数天,选良辰吉日,在新床上将被褥,床单铺好,再铺上龙凤被,被上撒各式喜果,如红枣、花生、桂圆、莲子等,意喻新人早生贵子。抬床的人、铺床的人以及撒喜果的人都是精挑细选出来的"好命人"——父母健在、兄弟姐妹齐全、婚姻和睦、儿女成双,自然是希望这样的人能给新人带来好运。

(四) 嫁妆

女方家里的陪送,是女方家庭地位和财富的象征。嫁妆最迟在婚礼前一天送至夫家。嫁妆除了衣服饰品之外,主要是一些象征好兆头的东西,如:剪刀,寓意蝴蝶双飞;花瓶,寓意花开富贵;鞋,寓意白头偕老;尺,寓意良田万顷;等等。各地的风俗和讲究都不一样。

(五) 上头

男女双方都要进行的婚前仪式。也是择定良辰吉日,男女在各自的家中由梳头婆梳头,要一面梳一面大声说:"一梳梳到尾,二梳梳到白发齐眉,三梳梳到儿孙满地,四梳梳到四条银笋尽标齐。""上头"是一个非常讲究的仪式。梳头要用新梳子,助"上头"的人必须是"全福之人",即这人是六亲皆全,儿女满堂之人。

（六）换庚谱

男方和女方的家庭互相交换家谱，作为定亲的凭据。媒人提亲后，如男女的时辰八字没有相冲，双方就会换庚谱。

（七）过文定，过大礼

男家会选择一个吉日，带着一些礼品到女家，礼品一般都是三牲、酒礼等，并正式奉上聘书。"过文定"举行后，就会举行"过大礼"的仪式，这是订婚的最隆重，也是最重要的仪式；因为这仪式过后就等于正式订立了婚约。跟"过文定"一样，男家会选择一个吉日，带同聘金和各种礼品到女家；而女家亦会准备回礼礼品。礼品皆是均双数以取其"好事成双"之意。

（八）送妆

送妆是亲迎前数日，女家派人将嫁妆送至男家的仪节。嫁妆往往用箱笼装着，也有人家为炫耀陪嫁，将嫁妆用方桌一一铺开，排成一个纵队浩浩荡荡地送至男家。嫁妆通常有箱柜、被褥、首饰、衣服、绸缎、文房四宝及金银器皿等，还有以田地、房屋、店铺等作为陪嫁的。浙江一带，嫁妆中有一种叫作"子孙桶"（大桶上有一大盖，为新娘生育时用），桶中盛有红蛋、喜果，谓之"送子"，有祝福之意。绍兴一带，还有送"女儿酒"作为嫁妆的，即在女儿满月或数岁后，即酿酒数坛埋入地下，待女儿出嫁之日取出，作为嫁妆礼品送至男家。

（九）哭嫁

据《礼记》记载："孔子曰：嫁女之家，三夜不息烛，思相离也。"在古时，因为交通没有现代的方便，女儿出嫁后，就很难有机会可以见到家人。而事实上，出嫁后的女子也不是可以像今天一样，随时可以返回娘家探望家人的，回娘家需要得到夫家的批准。此外也有说法认为哭嫁是源自古时妇女不能拥有自由的婚姻，所以她们会用哭嫁声来控诉古时不公平的婚姻制度。

（十）迎亲

古代婚配时，男方必须去迎亲。"亲迎"是六礼中最隆重的礼节。没有迎亲的新郎，就没有出嫁的新娘。古代亲迎，有徒步的，也有用车的，比较普遍的是用八人大轿去迎亲。抬轿的人必须身体强壮，遇上别人家的花轿，绝对不可以与他们碰头，必须绕着走。迎亲回来时，还要找一条路回去，以取不走回头路之意。如果途中经过庙、坟、井、河等处，必须由男方娶亲的人用红毡子将花轿遮住，作为"避邪"的意思。如果在途中遇见出殡的队伍，迎亲的人会说"今天吉祥，遇上宝财！"因为棺材的谐音为"观财"，亦即看到财宝的意思，这样说主要是为了图个吉利。

（十一）出门

出门是指新娘离开娘家的意思。当到达吉时的时候，新娘由大妗姐（据宋孟元老的《东京梦华录》记载，大妗姐是安排整个结婚礼俗，并教导新人洞房礼仪和禁忌的主要人物）背着上花轿；据说新娘双脚着地的话就会带来噩运。新娘出门时，由伴娘撑起红伞护着新娘,取其开枝散叶的意思。大妗姐及众姊妹一边行一边向上空、伞顶及花车顶撒米,用来"喂金鸡",意思指鸡啄米后便不会啄新娘。最后上花车前,新娘子会向送行的亲友鞠躬,以表谢意。不过各地新娘出门风俗不一。

（十二）过门

过门的意思是新娘由女家出门后正式踏入男家家门,拜见翁姑及男家其他长辈。传说翁姑不可以在大厅直接看见新人进门,因为这样会相冲。所以当女方进入男家后,翁姑会由房间出来大厅会见新人。然后新郎新娘会先拜天地,后拜祖先。新人会向翁姑奉茶跪拜。翁姑会说一些祝福语,并送首饰及礼物给新娘。新娘收到饰物后需即时戴上,以示谢意。然后,新人会向其他长辈及亲戚奉茶。

（十三）拜堂

拜堂又称为"拜天地",是婚礼中一个很重要的仪式。"拜堂"并不属于古"三书六礼",这一婚俗于宋代以后非常流行,经过"拜堂"后,女方就正式成为男家的一员。"拜堂"时,主持婚礼的司仪会大声地说:"一拜天地,二拜高堂,夫妻交拜,齐入洞房。"拜天地代表着对天地神明的敬奉;而拜高堂就是对孝道的体现;至于夫妻拜就代表夫妻相敬如宾。

（十四）闹房

在近代,这是新婚夫妇在婚礼之夜在新房接受亲友祝贺、嬉闹的仪节,民间有"新婚三日无大小","闹喜闹喜,越闹越喜"的说法。

各地"闹房"的方式不同,闹的程度也有文雅和粗俗之分,有时闹过了头,往往给主宾双方带来尴尬和不快,但因为它给婚礼增加了热烈的气氛,所以后来的婚礼中往往少不了这一节目。

（十五）三朝回门

三朝回门也叫归宁,是指婚后的第三天,新娘由丈夫陪同,带礼品回娘家祭祖,然后再随丈夫回到夫家;相传在先秦时已有这样的习俗。归宁,就是回娘家向父母报平安的意思。在古时,交通没有现代的方便,如果女子夫家要是离娘家远的话,所谓出嫁从夫,女子到夫家后就可能没有机会再回到娘家了。所以回门可能是女子踏足娘家的最后一次机会。亦因为如此,人们十分重视归宁这个婚姻习俗。

第四节　中国传统民俗文化与老年生活

中国人对老人的敬重,是由中国农业社会的特性决定的。中国农业社会是宗法社会,是一个家庭为中心的社会,每个家庭的权威都是年高德劭的人。这些人在一个稳定社会里有一种特殊的权威,而且他们有丰富的生活经验和社会经验,是智慧和阅历的象征。

在当代社会,老人也许不像年轻人那样娴熟于科技,但他们是记忆的宝库,对中国传统民俗文化的传承发挥着重要作用。

那十五的花灯、端午的粽子、重阳的茱萸、繁花似锦的民间艺术,那尊老爱幼的美德、谦逊辞让的风范、舍生取义的精神、精忠报国的传统……这些宝贵的中国传统文化像锦上添花,使中国历史的画卷更加丰富多彩,充满活力。

老年人乐于传承传统民俗文化,不仅是基于充实晚年生活的诉求,也是对中华文化保持认同和骄傲的体现。中国国力在不断强盛,伴随而来的更是中国文化的回归与繁荣,而老年人对于祖国的这份热爱相较于年轻人更加深沉和深厚。

春夏秋冬,四时交替;花谢花开,人事变化。自然界的生灵无时无刻不在受到春温、夏热、秋凉、冬寒等气候变化的影响,人也不例外。中医认为,人与自然是统一的整体,与四季轮回相应的二十四节气与保健养生关系密切。传统养生学的要点在于顺应自然。随着社会的发展和科技的进步,人们的生活方式发生了巨大变化,现代的人们似乎不再依自然变换行事,甚至逐渐忽视了节气变化对身体的影响。事实上,如果我们多关注一下节气的变化,跟随其变化调整我们的活动和饮食,很多疾病或身体的不舒服都是可以避免的,特别是老年人在日常保养上更需要对节气变化保持敏感。

二十四节气养生首先强调天人相应。人生在天地之间、宇宙之中,所有的生命活动都与大自然息息相关。自然界的种种变化都会影响人们的生命活动。一些重要的医学典籍,如《黄帝内经》等,都在论述中将人与自然看成一个整体,即"天有所变,人有所应"。那么,老年人该怎样顺应二十四节气来养生保健呢? 我们来具体谈一谈。

一、春季养生与饮食保健

立春，拉开了春天的序幕，表示万物复苏的春季开始了，但立春的气温依然较低，"乍暖还寒"，俗语中有"春不减衣，秋不加帽""春捂秋冻，到老不生病"的说法。所以，初春时节不宜马上换掉棉衣，特别是年老体弱者更应谨慎，不可骤减衣物。

从中医的角度看，春季在五行中属木，五脏相对应者为肝。所谓"春夏养阳"，在春天适合食用温补阳气的食物，如韭菜、大枣、山药等；少吃油腻、生冷的食物，以免伤及肝脾。春季气温不稳，常有寒潮出现，气压变化大，气压的变化对心血管的收缩有影响，老年人应注意预防心血管疾病的发生。

雨水时节，天气回暖，降雨增多，风干物燥，极易口舌干燥、嘴唇干裂，要多吃新鲜蔬菜、多汁水果，注意补充水分。另外，此时天气忽冷忽热，也会影响人的情绪，老年人要注意调节自己的精神状态。

时至惊蛰，天气回暖，春雷初响。但此时，人们却经常会感到困乏没有精神，这就是"春困"。春困不是病，而是身体机能在自然环境的影响下的自然反应。进入春天，温度升高，皮肤的毛细血管舒展，血液供应量增大，而供应大脑的氧气不足，因此容易使人困乏。老年人应安排一定时间的午睡，以缓解春困的疲乏感。

时至清明，我国南方地区气候清爽温暖，春和景明；北方地区开始断雪，渐渐进入阳光明媚的春天。此时是春游的最佳时节，踏青远足有助于阳气生发,能够改善机体的新陈代谢,促进血液循环,增强心肺功能。

老年人春游要注意:一是时间选择要得当,警惕"倒春寒";二是衣物要备足,鞋袜大小要合适,鞋带松紧适度;三是要量力而行,患有心脏病、高血压者不宜登山;四是要加强自我保护,带好手杖、常用药物,要有家人的陪伴。

春分节气后,天气温和,雨水充沛,阳光明媚。由于春分平分了昼夜、寒暑,人们在保健养生时应注意阴阳平衡,使内在运动(脏腑、气血和精气的生理运动)和外在运动(脑力、体力等运动)保持平衡。此节气的饮食调养应根据自己的实际情况,注意平衡膳食,忌偏热、偏寒。可以在烹饪鱼、虾、蟹等偏寒性食物时,佐以葱、姜、酒、醋等温性调料;在食用韭菜、大蒜、木瓜等助阳类食物时,配以蛋类等滋阴之品,以达到阴阳平衡。老年人在起居方面还要坚持适当锻炼,定时睡眠、定量用餐,有目的地进行调养。

谷雨是春季的最后一个节气。谷雨后雨水增多,空气湿度逐渐加大。此时我们在养生中不可脱离自然的变化规律,需要通过身体内部的调节使内环境(体内生理变化)与外环境(外界自然环境)的变化相适应,从而保持正常的生理机能。谷雨节气后,气温回升很快,人体的消化功能正处于旺盛期,是很好的进补时期,应适时进补补气血的食物。要注意的是气温虽升高,但早晚时候仍会时凉时热,尤其是雨天,老年人要注意适时增减衣物。此时适宜的膳食,如红烧鳝段、菊花鳝鱼等,均具有祛风湿、舒筋骨、补气血的功效;草菇豆腐羹、生地鸭蛋汤等,均具有滋阴养胃、降压降脂、抗菌消炎、清热解毒、养血润燥的功效。

二、夏季养生与饮食保健

立夏意味着春天结束、夏天来临。中医认为,立夏季节有利于心脏的生理活动,心通于夏气,心阳在夏季最为旺盛,功能最强。老年人要避免气滞血瘀,以防心脏病发作。立夏之际,安闲自乐,切记暴喜暴怒。在膳食调养中,应以低脂、低盐、清淡为主。应该注意的是,清淡饮食不等于食素,以免营养失衡,此时食用苦味食物,有助于清热。

小满节气气温明显升高,降雨量增多,下雨后气温会急剧下降,所以要注意增衣物。小满时节是皮肤病的易发期,所以这一时期的饮食调养以清爽、清淡的素食为主。同时,夏季阳光炙热,虽然紫外线能够杀死皮肤表面的细菌,但过强的紫外线会破坏皮肤的细胞,引发皮肤疾病。老年人应该注意防晒,可戴上遮阳帽,涂抹防晒霜。

芒种天气炎热,已经进入夏季。夏季气温升高,空气湿度加大,湿热之气常使人感到身体疲惫、精神倦怠。芒种时节养生,在起居方面要注意早睡早起,适当接受阳光照射,以顺应阳气的充盛,助气血运行、振奋精神。中午可小憩,以消除疲劳。芒种后要常洗澡,以疏松皮肤,有利于"阳热"的发泄。老年人因机体功能减退,热天消化液分泌减少易导致心脑血管的硬化,饮食应以清补为主,辅以降压降脂的食品。

从中医角度讲,夏至是阳气最旺的时节。此时养生要注意神清气和、快乐欢畅、保持乐观,以利于气脉通泄。此时运动最好选择在清晨或傍晚天气较为凉爽的时间进行,宜选择湖边或公园等空气新鲜的场所,锻炼的项目以散步、慢跑、打太极拳等轻缓运动为主,不宜做剧烈的运动。在锻炼时,如果出汗过多,宜饮用淡盐水或绿豆盐水等,切不可饮用大量凉水,或直接用凉水冲头、淋浴,以免引发寒湿痹症。

小暑开始进入伏天,天气变化无常,这个时节阳光强烈、高温多雨、空气潮湿,也时有暴雨,南方沿海地区则台风来临。盛夏之际,气温高、湿度大、气压低,老年人最易突发心血管病,一定要注意养护心脏,尽量避免长时间在高温下活动。中医学认为,藕生食有清热生津、润肺、散瘀消肿、止血等功效,熟食有健脾益胃、消食止泻等功效。南方有小暑吃藕的习俗。

老年人消化功能较弱,大暑时节的饮食应以清淡为主,少吃肥腻、辛辣、煎炸食物。除了多喝水、常食粥、多吃新鲜果蔬,还可适当多食用些清热、健脾、利湿、益气、养阴的食物,如莲子、百合、薏苡仁等,冬瓜、西瓜、绿豆等也是不错的消暑选择。

夏季养生,要强调"水"的重要意义,可每日清晨饮用一杯凉开水。凉开水进入人体后,促进了去甲肾上腺素的释放,去甲肾上腺素具有促进人体新陈代谢与脂肪燃烧的作用,对老年人养生保健大有裨益。

三、秋季养生和饮食保健

立秋表示自此进入秋季,此时阳气渐收、阴气渐长。"立秋之日凉风至。"从立秋这一天开始,天高气爽,月明风清,气温逐渐下降。从气候特点上看,立秋余热未清、秋阳肆虐,素有"秋老虎"之称。俗语说"秋气通于肺"。秋季养生顺应时令的变化,注意保养肺气,避免发生呼吸系统疾病。"春捂秋冻",秋季不宜过快增加衣物,适当受冻,可提高皮肤和鼻黏膜的耐寒力。老年人可适当吃些鸡、鸭、鱼、蛋、枣、核桃等,有助于健身祛病、延年益寿。

处暑时节正是由热转凉的交替时期,自然界的阳气由疏散趋向收聚,人体内阴阳之气的盛衰也相应改变,此时的起居作息也要相应地调整。

随着年龄的增加,老年人的气血阴阳皆亏,常出现昼不精、夜不瞑的少寐现象。少寐是老年人养生的大患。老年人尤其要注意睡"子午觉"。中午12时至13时,是人体交感神经最疲乏的时候;夜间0时至4时,体内各器官的功能都降至最低点。老年人睡子午觉可以降低心脑血管疾病的发生率。

白露时节,天气转凉,要注意预防鼻腔疾病、哮喘病和支气管病的发生。此时秋燥伤人,容易出现口干、唇干及皮肤干裂等现象,可适当食用一些润肺化痰、滋阴益气的食材,如百合、杏仁、川贝等。

秋分养生本着阴阳平衡的原则,要使机体保持"阴平阳秘"秋燥容易诱发感冒或支气管炎、肺气肿、肺心病和冠心病等疾病。老年人在饮食上应注意养阴润燥，如食用梨粥、萝卜粥、银耳羹等，不宜进行大补。

寒露是冷热交替的季节，阳气渐退，阴气渐生。人体的生理活动也要适应自然界的变化，以确保体内的生理平衡。中医认为，进了寒露就不能再"秋冻"。老年人要特别注意保暖，以防凉气侵入体内。最重要的是注意脚部保暖，防止寒从足生。寒露保暖除了要穿保暖性能好的鞋袜，还要养成睡前用热水泡脚的习惯，以消除一天的疲劳，并提高抵抗力。

霜降表明进入深秋，此时天气转凉，是很多病症的高发期。我们要格外重视保健，特别是老年人，患栓塞、中风、哮喘、消化不良、心绞痛等疾病的概率上升。老年人在饮食调养上，以滋阴润肺为准则，还应少辛增酸；注意增减衣物，防止凉气入侵；此时秋高气爽，应多呼吸新鲜空气，可在清凉的晨风中散步、慢跑，锻炼身体。可食用一些维生素高的和保养类的食材，如沙参、麦冬、川贝等。

四、冬季养生和饮食保健

立冬意味着冬季的来临，是生机潜伏闭藏的季节，人体的阳气随自然界的转变而潜藏于内。冬季养生应顺应自然界闭藏的规律，以敛阴护阳为根本。在精神调养上，要力求其静，控制情志活动，保持情绪的安宁，使体内阳气得以潜藏。

肾是贮藏精气的主要器官，也是水液代谢的重要器官。如果肾气亏虚或血虚不足,就容易心绪不宁。冬季要保护好肾,老年人应选择一些滋阴潜阳、热量较高的膳食,同时也应多食用水果和蔬菜,以保持营养的均衡。

小雪前后,天气阴冷晦暗,我国北方地区多会有初雪。季节变化会影响人们的心情,小雪时节应调整自己的心态,保持乐观,经常参加一些户外活动,以增强体质,可多晒太阳,多听音乐。小雪时节,老年人要注意做到"三暖":一是头暖,头部暴露,受寒冷刺激血管会收缩,肌肉会紧张,易引起头痛、感冒或肠胃不适;二是背暖,寒冷的刺激会通过肌肉影响到内脏,危害健康,除引起腰酸背痛,背部受凉还会引发颈椎、腰椎上下肌等部位的不适;三是脚暖,一旦脚部受寒,可反射性地引起上呼吸道的毛细血管收缩,病毒、细菌会趁虚而入,易患感冒。

从中医养生的角度看,到了大雪,便到了进补的最佳时期。正如民谚所说:"今年进补,明年打虎。"老年人在冬季应该食用性温热并补益的食品,如羊肉、虾、海参、枸杞等。还要注意补充脂肪和蛋氨酸,如乳制品、葵花籽、芝麻等。此外,维生素的摄取也很重要,可吃些胡萝卜和深绿色蔬菜,矿物质也要适量补充,如海带、豆制品等。

研究表明,冬季是心脑血管疾病的高发期,且多在凌晨和深夜发作。所以老年人冬季早上起床前,应在床上闭目养神片刻,等头脑完全清醒,身体适应了生物钟的节律变化后,再慢慢起身。其间,可在床上左右轻缓地伸懒腰,做些微小的活动。

小寒是天气寒冷但还没有冷到极点的意思。冬至之后,气温持续降低,温度在一年的小寒、大寒之际降到最低。有民谚说"小寒时处二三九,天寒地冻冷到抖",这说明了小寒节气的寒冷程度。此时天气寒冷,很多人喜欢泡热水澡。老年人冬季洗澡、泡澡要格外注意安全。首先要注意水温不宜过高。在高热的水中洗澡,可能会突然出现头晕、恶心、呕吐等晕澡症状;洗澡时间不宜过久。长时间泡澡,会促使全身毛细血管扩张,导致心脏缺血,进而引发多种心脑血管疾病;应注意适当通风,以免因为空间密闭而引发晕厥。另外,"寒从脚起,冷从腿来",老年人如果不太喜欢泡澡,要应养成睡前泡脚的习惯,泡脚有利于畅通血脉、改善睡眠质量。遵循冬藏的原则,最简单的办法就是早睡晚起,以养藏体内精气、增强身体的抵抗力。

"莫道桑榆晚,为霞尚满天。"对于老年人来说,养生保健是日常生活中的重心。熟知二十四节气的变化特点,能够帮助老年人在四季轮回的日子里更好地调节饮食、运动和心情,保持身心愉悦,远离烦恼和疾病,益寿延年。

思考与拓展

1. 你的家乡有什么风俗习惯,如何更好地传承?

2. 老年群体如何顺应节气变化进行养生保健?

3. 有人说现在的年味越来越淡,你怎么看?

4. 传统婚俗与现代生活交汇,该如何扬弃?

第六章
中国饮食文化

民以食为天,人类必须以饮食维持生命,然后才能从事各项活动。随着历史的发展和社会的进步,饮食也从仅仅满足人的生理需求,逐步发展成为一种饮食文化,成为民族文化的组成部分。古代中国是一个以农业为主的社会,在长期的生产生活中,中华民族形成了丰富多彩、博大精深的饮食文化,它有着极其丰富的文化内涵,标志着各个时期的文明进程,反映了中华民族的个性与习俗,体现了中华民族的创造精神和独具风格,在国际饮食界和文化界占有重要地位。

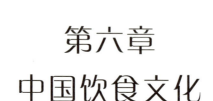

第一节 食文化

中华民族是一个重视饮食、讲究饮食的民族,中国传统饮食文化也是各类传统文化中最具特色的文化现象之一。本节重点介绍中国古代饮食文化的发展、饮食特点、八大菜系等。

一、中国古代饮食文化的发展

饮食文化是随着人类社会的出现而产生的,又随着人类物质文化和精神文化的发展而不断发展的。中国有着十分悠久的饮食历史,从原始社会到明清时期,形成了博大精深的饮食文化。

(一)原始社会

旧石器时代,由于人还不懂得用火,因而就没有熟食,过着茹毛饮血的生活。后来,燧人氏发明钻木取火,我国先民开始利用火来加热食物,发明了石烹法。新石器时代,陶器的发明使人们第一次拥有了炊具和容器。这一时期,陶釜成为烹煮食物的主要器具,它可以直接放到火塘里加热,但是难以放平稳。后来,人们在陶釜上安装了三个支点,做成了一种高脚炊具,成为"鼎"。到了黄帝时期,黄帝发明了灶,被称为"灶神",灶能集中火力,节省燃料,使食物快速成熟。有了灶之后,中华民族的饮食状况得到了很大改善。

(二)夏、商、周时期

中国传统粮食作物是谷物。从新石器时代到殷商时期,人们对谷物的加工处于比较原始的状态,多使用碾盘、碾棒、杵臼等工具进行粗加工。到了周代,石磨的出现促成了谷物加工方法一次质的飞跃。

在烹饪方法上,夏、商两代的烹饪方法都比较少。到了周代,随着生产力的快速发展,烹饪方法也逐渐多样化,主要有:煮、蒸、炒、烤、炙、炸等多种方法。

周代已对饭（主食）、菜（副食）、汤进行了明显的区分，这标志着我国传统烹饪方法的初步定型。而周代宫廷"八珍"的出现，标志着我国烹饪已成为一门重要的艺术，显示了周人的精湛技艺和饮食科学。

（三）秦汉时期

春秋战国至秦代是我国传统的鲁菜、苏菜、川菜、粤菜"四大菜系"逐步形成的时期。在北方，古齐鲁大地历史文化悠久，烹饪技术发达，为我国最早的地方风味菜"鲁菜"的形成奠定了基础。在东南方，楚人占据东南半壁江山，这里气候适宜，土壤肥沃，占有今天的"鱼米之乡"，一年四季食材丰富，"春有刀鲚夏有鲥，秋有蟹鸭冬有蔬"，逐渐形成了"苏菜"的雏形。在西南方，秦国占领古代的巴蜀后，李冰治理这里的水患，修建都江堰，造就了美丽富饶的"天府之国"，再加上大批汉中移民的到来，在饮食上产生了至今影响巨大的"川菜"的前身。秦国一统天下后，为了显示始皇帝的文治武功，秦国进军岭南，将中原地区先进的烹饪技术和器具引入岭南，与当地的饮食资源相互融合，最终形成了兼收并蓄的饮食风尚，产生了粤菜。至此，我国最有影响力的地方菜——鲁菜、苏菜、川菜、粤菜的雏形得以形成。

汉代，我国的传统饮食更为丰富。东汉时期，淮南王刘安发明了豆腐，使豆类的营养得到消化，物美价廉，可以做出许多种菜肴。东汉还发明了植物油，改变了单一使用动物油的传统。西汉时期张骞出使西域，还从西域引进了大量食物，包括石榴、芝麻、核桃、葡萄、西瓜、黄瓜、甜瓜、胡萝卜、菠菜、扁豆、大葱、大蒜等，这些外来品种大大丰富了汉代的饮食文化。

（四）唐宋时期

唐宋时期是饮食文化的高峰。唐代，国家的强盛促进了饮食文化的发展，其中"烧尾宴"代表了唐代饮食文化的最高成就。所谓"烧尾"，就是大臣上任之初，为了感恩而向皇帝进献的盛馔，规模庞大，奢华无比。随着对外交流的扩大，更多的外来饮食进入了中国，尤其是"胡食"居多，比如胡饼、毕罗。此外，西域的名酒及其制作方法也在唐代传入中国，主要是葡萄酒。唐代是中国茶文化的形成时期，被后人称为"茶圣"的陆羽所著的《茶经》问世。

宋代，"四大菜系"已经发展得相当成熟，宫廷饮食则以穷奢极欲著称于世。饮食文化生活成为文人士大夫重要的社交文化活动，文人们讲究美食、美味、美器、美境，强化了饮食文化的审美性质。

（五）元、明、清时期

元代，蒙古人多食牛羊肉，涮羊肉在忽必烈的推捧下诞生，元大都成为有史可考的第一家烤羊店的发源地；产生了至今闻名的烤全羊。这个时期，回族与其他穆斯林民族创造和发展了中国的清真饮食文化。另外，月饼在元代已成为中秋必不可少的点心。

明清时期的饮食文化再现高峰，内容更为丰富。无论是宫廷饮食、贵族饮食、官府饮食，还是民族饮食、地方饮食和民间饮食，都出现了蓬勃发展的趋势。明清时期的饮食文化还呈现出满蒙汉饮食文化交融的特点,不仅继承和发展了唐宋时期的食俗,还混入满蒙饮食的特点,在一定程度上改变了传统的饮食结构。

明代蔬菜种植技术提高,使得蔬菜成了主要的菜肴。这一时期的肉食,也以人工饲养为主要来源。明代的宫饮食奢靡无度,宫中各种菜蔬、鲜果和土特产,应有尽有。

到了清代,满汉全席的出现,代表了清代饮食文化的最高水平。清末,浙、闽、湘、徽等地方菜进一步发展,渐自成派系,加上传统的"四大菜系",逐步形成了"八大菜系"。后来,又增加京、沪地方菜,形成了"十大菜系"。

二、中国饮食特点

《礼记·礼运》中说:"饮食男女,人之大欲存焉。"[1]饮食和生儿育女之事,不是一般的欲望,而是"大欲",应慎重对待。因此中国特别讲究吃。中国人的吃,不仅仅是为了填饱肚子,也是一种文化、一种艺术。中国饮食有以下几个方面的特点。[2]

(一) 选材讲究, 制作精细

中国人在饮食制作上讲究色、香、味俱全,食品不仅是一道营养与保健并存的美味佳肴,更是餐桌上的艺术品,使人赏心悦目,垂涎欲滴。所以食物制作在选料、刀工、调味、火候等各方面可谓达到了极致。

---

①杨天宇.礼记译注[M].上海:上海古籍出版社,1997.
②李建中.中国文化概论[M].2版.武汉:武汉大学出版社,2014.

1.五味调和

中华传统仪式在食材的选择上,通常讲究"四性分明""五味调和"。"四性"是指寒、热、温、凉,"五味"是指甜、酸、苦、辣、咸。根据食材性质和营养成分,中国各地菜系的烹调技法非常多,如煮、蒸、烤、炒、烧、爆、煎、炸、溜、焖、熬、炖、熏、卤、腌、拌、涮等不下数十种,其中一部分技法在先秦文献中就已有记载。

2.讲究选料

在主料和调料的选择上要实现数量、口味、质地和形状上的配合,做到荤素搭配、粗细搭配、干稀搭配,讲究营养均衡,利于吸收。先秦时期人们对家畜、家禽的使用已很有研究,已经懂得不同的禽畜,其肉质的老、嫩,滋味各不相同,在高级宴席或重要的祭祀时专门选用羔、犊、小猪等肉质细嫩的家畜,制作不同食品。按照需要,有的专选雄性,有的专选雌性,而且懂得把牛、羊等肉类食材区分部位,分解开来选择。

3.讲究刀工

刀工在中国烹饪技艺中占有非常重要的地位,仅刀工刀法的名称就不下200多种。刀工要求技艺运用娴熟,能将食物原料快速加工成需要的形状。

4.讲究调味

中国人重视调味,最早可追溯到黄帝时期,这一时期的人们开始煮海水制盐,从此中国人的食物滋味开始鲜美起来。在周代,天然调味品和人工制作的调味品明显增加。到春秋战国时期,茱萸、桂皮、姜、葱等植物性调味品是菜肴烹制中常用的原料,人工制作的调味品出现了醋、酱。

5.把握火候

火候对菜肴烹制的好坏是很重要的一环。"火候"一词是借用道教炼丹的术语,用来描述加热制熟食物过程中的火力大小、时间长短。描述各种火候的词语有"文火""武火""大火""小火""暗火""余火"等。

(二)注重营养、保健有机结合

人类赖以生存并提高生活质量的根本保证是食品的营养和保健。中国传统饮食文化也一直把营养和保健的有机结合作为重要的组成部分。

中国传统文化认为,人与大自然是一个有机的整体,讲究"天人合一"。维持人类生命活动的物质——主要包括蛋白质、脂肪、碳水化合物、矿物质、维生素、纤维素、水、电解质等——蕴藏于人们日常吃的食物中,这些都来源于大自然。这些营养物质进入人体后,通过物理、化学和生物的作用,对人的机体起到营养和保健的作用。应该说,人体健康与否,主要取决于以上营养物质的品种、数量与质量。只要对营养物质合理调节,使其在人体内保持动态平衡,以满足人体新陈代谢的需求,最终实现对人体的营养与保健功效。中国传统饮食文化的核心,正是通过饮食的调节,来起到对人体营养与保健的辅助作用。同时遵循自然界的变化规律,饮食有节制,作息有规律,因此能保持形神协调,生命长寿。

（三）讲究食名、食器和环境，追求雅致

1. 食名优美

中国人善于给佳肴起个优美的名字，充满了文化的雅趣。中国食物的名称，有的质朴平易，有的富含深意，有的与历史有关。

质朴的食名，表明菜肴的色、香、味、料。如以原料命名的"荷叶包鸡"，以香料命名的"五香肉"，以烹饪方法命名的"熏肉"，以数字命名的"八宝饭""千层糕"等。有些菜名，多含有祝福的意味，如"鸳鸯鱼片""鸳鸯豆腐"等，常用于喜庆婚宴，以增添喜庆气氛。"松鹤延年"祝愿老人健康长寿，"如意冬笋"祝愿人们万事如意，"三元鱼脆"借古代科举连中解元、会元、状元三元之意，祝愿人们不断进步，节节高升。"四喜汤圆""五福鱼圆"等表达了祝愿幸福圆满之意。另外，"东坡肉""太白鸡""麻婆豆腐"，或菜名因人名而流传，或人名因菜名而流传。

2. 食器精美

中国饮食很重视器具与食物的配合。食器的恰当选用，可以创造出良好的视觉效果，有较强的艺术审美性。我国的饮食器具以陶瓷最为常用，瓷器不吸收水分，不与食物发生化学反应，表面光滑，容易清洗。中国瓷器历史悠久，工艺水平很高，享誉海外。

中国古代贵族使用精美器具到奢华的程度。玉器、金银器，做工精巧，令人叹绝。王瀚名句"葡萄美酒夜光杯"（《凉州词》）中的夜光杯，就是一种极其名贵的玉杯，在晚上能够发光。何家村出土的唐朝文物中，有三只金杯，带有舞伎或乐工的人物形象纹饰，栩栩如生，巧夺天工。

3. 环境雅致

中国古代文人最喜欢在大自然中宴饮，以追求洒脱惬意。东晋王羲之《兰亭集序》记叙了在会稽山阴"兰亭"的宴饮场景，"天朗气清，惠风和畅"，"崇山峻岭，茂林修竹"，他们一面观赏自然美景，一面饮酒赋诗，人生之乐，尽在于此。历代中国文人还留下了许多在大自然中饮宴的诗文。李白的"花间一壶酒，独酌无相亲"，苏轼的前、后《赤壁赋》以及《念奴娇·赤壁怀古》，描写了苏轼一边游览赤壁，一边和朋友在江船上饮酒的情景。

为了营造雅致的氛围，唐代酒楼都将店里的墙壁粉白，供文人墨客在上面题诗作画，这种风俗一直保持到宋朝。宋代的酒楼茶坊，开始流行张挂名人字画以吸引顾客，在装饰上营造一种艺术氛围，是饮食文化更加具有艺术品位，将物质享受与精神享受统一起来。现代酒店，也流行在室内装饰自然元素，营造大自然的环境。

三、八大菜系

"菜系"是指品类齐全、特色鲜明、在海内外有较高声誉的系列化的菜种。在几千年的饮食发展中，中国形成了数量较多的菜系，其中历史渊源较深、极具影响和代表性、也为社会所公认的有：鲁、川、苏、粤、浙、闽、湘、徽等菜系，即人们常说的中国"八大菜系"，其烹调技艺各具风韵，菜肴特色也各有千秋。

（一）鲁菜

鲁菜指山东菜,起源于春秋时期的齐国和鲁国。鲁菜的形成与发展与山东地区的文化历史、地理环境、经济条件和习俗尚好相联系。齐鲁大地依山傍海,物产丰富,经济发达,为鲁菜的形成提供了良好的条件。

鲁菜主要风味特色是:咸鲜、纯正、善用面酱,葱香突出。使用原料以海鲜、北方冷水鱼和禽畜为主,重视火候,精于爆炒,善于制汤和用汤。装盘丰满,造型古朴,菜名稳实,敦厚庄重,具有官府菜的饮馔美学风格。代表菜品有:葱烧海参、德州脱骨扒鸡、酥海带鱼、九转大肠等。

（二）川菜

川菜作为我国八大菜系之一,在我国烹饪史上占有重要地位,它取材广泛,调味多变,口味清鲜醇浓,以善用麻辣著称,并以其别具一格的烹调方法和浓郁的地方风味,融汇了东南西北各方的特点,博采众家之长,善于吸收和创新,享誉中外。川菜享有"一菜一格,百菜百味"的美誉。川菜以辣椒、胡椒、花椒、豆瓣酱为主要调料品,做出了各种味型,包括麻辣、酸辣、椒麻、蒜泥、麻酱、芥末、红油、糖醋、鱼香、怪味等。川菜历来还有"七滋八味"之说,"七滋"是指:酸、甜、苦、辣、麻、香、咸;"八味"是指:酸辣、椒麻、麻辣、怪味、红油、姜汁、鱼香、家常。每道菜肴无不厚实醇浓,脍炙人口。著名的川菜有:鱼香肉丝、宫保鸡丁、水煮肉片、水煮鱼、麻婆豆腐、回锅肉等。

（三）苏菜

江苏菜简称苏菜，以苏州菜和扬州菜为代表，主要由苏州、扬州、南京三个流派构成，苏菜的影响遍及长江中下游地区，在国内外享有盛誉。江苏为鱼米之乡，物产丰饶，饮食资源十分丰富。加上一些珍禽野味，都为江苏菜提供了雄厚的物质基础。江苏菜按照自身风味又可分为淮扬风味、金陵风味、苏锡风味和徐海风味四大流派。

苏菜用料以江河湖海的水鲜为主，刀工精细，烹调方法多样，擅长炖、焖、煨、焐、炒，追求本味，菜品风格雅丽，讲究造型，菜谱四季有别。口味清鲜，咸甜得宜，浓而不腻，淡而不薄。注重调汤，保持原汁。苏菜著名的菜肴有：扬州的三套鸭、溜子鸡、清炖甲鱼、糖醋鳜鱼、文思豆腐、清炖狮子头；南京的金陵盐水鸭、板鸭、松子肉、凤尾虾；苏州的松鼠鳜鱼、三虾豆腐、莼菜塘鱼片、胭脂鹅、八宝船鸭、雪花蟹汁、油爆大虾等；宜兴的汽锅鸡、淮安的长鱼席、常熟的叫花鸡等，名目繁多，享誉国内外。

（四）粤菜

粤菜指广东菜，它以特有的菜式和风味而独树一帜。粤菜产生于秦，成型于汉，发展于唐宋，兴盛于明清。清末有"食在广州"之说。广东地处我国南端沿海地区，境内气候温和，雨量充沛，动植物类食品源极为丰富，为粤菜的形成和发展提供了有利条件。

粤菜由广州菜、潮州菜、东江菜组成，其中又以广州菜最具代表性。广州菜注重色、香、味、形俱全，口味以清、鲜、嫩、脆为主，讲究清而不淡,鲜而不俗,嫩而不生,油而不腻。在用料上极为广博而精细,品种多样又富于变化。在烹调方法上多以炒、煎、炸、焖、煲、炖等为主。常见的广州菜有白切鸡、白灼海虾、挂炉烤鸭、蛇羹、清蒸海鲜、油泡虾仁等。潮州菜以烹制海鲜、汤类和甜菜而有名。风味尚清鲜,郁而不腻,常配以鱼露、沙茶酱、梅糕酱、红醋等调味品,风味独特。潮州菜注重刀工和造型,烹调方法多以焖、炖、炸、烧、蒸、炒等方法见长。著名的潮州菜有烧雁鹅、护国菜、清汤蟹丸、油泡螺球等。东江菜又叫客家菜,以客家饮食为代表。东江菜品多为肉类,下油重,味道偏咸,讲求香浓,以砂锅菜见长。著名的菜肴有梅菜扣肉、海参酥丸、牛肉丸等。

（五）浙菜

浙菜即浙江菜,历史悠久,富有江南特色,是中国著名的地方菜种。浙菜品种丰富,菜式多小巧玲珑、鲜美滑嫩、脆软清爽。浙菜主要由杭州、宁波、绍兴、温州四种地方风味组成,其中以杭州菜最负盛名。

杭州是我国著名风景区,宋室南渡后,帝王将相、才子佳人游览杭州风景者日益增多,饮食业应运而生。杭州菜品种多样,工艺精细,清鲜爽脆,文化色彩浓厚。在烹调方法上杭州菜以爆、炒、炸、烩为主。杭州菜著名菜肴有西湖醋鱼、东坡肉、龙井虾仁、油焖春笋、西湖莼菜汤等。

宁波菜的特点是鲜咸合一,讲究嫩、软、滑的口感。烹调方法上以蒸、烤、炖为主,注重保持菜品的原汁原味。宁波菜著名菜肴有:雪菜大汤黄鱼、冰糖甲鱼、苔菜拖黄鱼、木鱼大烤、宁波烧鹅、溜黄青蟹等。绍兴菜富有江南水乡的风味,菜肴大多清酥绵糯、汁浓味重、香味浓烈。

绍兴菜的原料以鱼虾河鲜、鸡鸭家禽、豆类和笋类为主,常用鲜料配腌腊食品同蒸或炖,且多用绍兴酒烹制。著名菜肴有:糟熘虾仁、干菜焖肉、头肚须鱼、绍虾球、清蒸桂鱼等。

温州地处浙南沿海,当地的语言、风俗和饮食也都自成一体,别具一格。温州菜在食材上以海鲜为主,口味清鲜,淡而不薄。烹调方法上讲究"二轻一重",即轻油、轻芡、重刀工。温州菜的代表菜有:三丝敲鱼、爆墨鱼花、橘络鱼脑、蒜子鱼皮等。

(六) 闽菜

闽菜就是福建菜,是在中原汉族文化和当地古越族文化的混合、交流过程中逐步形成的。福建是我国著名的侨乡,旅外华侨从海外引进的食品、调味品和制作方法,对充实闽菜体系的内容、促进闽菜的发展起到重要且积极的作用。

闽菜起源于闽侯县,由福州、闽南和闽西三个地方菜构成,其中福州菜为主要代表。福州菜以烹制山珍海味著称,口味偏重甜、酸、清淡,显著特色是用红糟调味,讲究调汤,给人百汤百味、糟香扑鼻质感。其著名的菜肴有:茸汤广肚、肉米鱼唇、鸡丝燕窝、煎糟鳗鱼等。闽南菜,广传于厦门、泉州、漳州、闽南三角洲,接近港东潮州菜,调料讲究,善于甜辣,在沙茶、橘汁、芥末以及药物的使用方面均有独到之处。著名的菜肴有清蒸加力鱼、东譬龙珠、葱烧蹄筋、炒沙茶牛肉、当归牛脯等。闽西菜则流行于闽西客家地区,偏咸辣,多以山区奇珍异品做原料,善用生姜即香辣佐料,富有乡土气息。刀工精妙,有"片薄如纸、切丝如发、剖花如荔"的美称。著名的菜肴有:烧鱼白、炒鲜花菇、油焖石鳞、蜂窝莲子、麒麟象肚、金丝豆腐干等。

（七）湘菜

湘菜,以湖南菜为代表。湘北的洞庭湖平原,盛产鱼虾和湘莲;湘东南为丘陵、盆地,农牧副业都很发达;湘西则多山,盛产笋、茸和山珍野味。湖南菜的共同风味是辣味菜和腊味菜。以辣味强烈著称的朝天椒,全省均有出产,是制作辣味菜的主要原料。腊肉的制作历史悠久,在我国相传已有2000多年历史。

湘菜刀工精细,形味兼美,调味多变,酸辣突出,讲究原味,技法多样,尤重煨烤,常以酸泡菜作为调料,佐以辣椒来烹制食物。湘菜的主要名菜有:东安子鸡、红煨鱼翅、腊味合蒸、毛氏红烧肉、面包全鸭、油辣冬笋尖、五元神仙鸡、吉首酸肉等。

（八）徽菜

徽菜,起源于黄山麓下的歙县,是雅俗共赏、南北适宜、独具一格、自成一体的著名菜系。徽菜发端于唐宋,兴盛于明清,新中国成立后得到了进一步的发展。

徽菜由安徽省的沿江菜、沿淮菜和皖南菜构成,以皖南菜为代表。沿江菜以烹调河鲜、家禽见长,其烟熏技术独具一格。沿淮菜则讲究咸中带辣,汤汁味重色浓,惯用香菜配色和调味。皖南菜讲究火工,善烹野味,量大油重,朴素实惠,保持原汁原味。不少菜肴都是采用木炭小火炖、煨而成,汤清味醇,原锅上席,香气四溢;所烹制的经腌制的"臭桂鱼"知名度很高。徽菜的代表性菜肴有:火腿炖甲鱼、腌鲜鳜鱼、黄山炖鸽、问政山笋、清蒸石鸡、徽州圆子、蝴蝶面等。

第二节　酒文化

中国酒文化具有悠久的历史,饮酒的意义远不止生理性消费,还作为一个文化符号,表示一种文化现象。人们喜欢以酒祭祖、以酒会友、以酒壮胆、以酒壮行、以酒御寒等,在我国几千年的文明史中,酒几乎存在于社会生活的各个领域,酒文化也成了一种特殊的文化形式,在中国传统文化中占据着重要地位。

一、酒的发展历史

早在新石器时代,我国的祖先就已懂得如何酿酒。到夏、商、周三代,已掌握了酿制白酒的酵母菌曲和酿甜酒的根霉菌曲两种酒曲。我国的酒主要是以粮食为原料、以酒曲作为糖化发酵剂酿制而成的,是东方酿酒业的典型代表。我国的酒从诞生之初,就成为人们日常生活中的重要饮品。中国的酒主要经历了以下几个发展阶段。①

①高利水,赵美红.中国传统文化(慕课版)[M].北京:人民邮电出版社,2017.

（一）新石器时代

考古发现，新石器时代后期的龙山文化遗址和大汶口文化后期遗址出土了大量的酒器，这些酒器的出现，说明当时人们已具备了生产酒的能力，而酒也已成为人们的日常饮品。

（二）夏商周时期

夏朝酒文化已十分盛行。夏人善饮酒，他们所制作的一种叫爵的酒器，是我国已知最早的青铜器。相传，夏王朝的五世国王杜康，就很擅长酿酒，后世将其尊为"酒神"。

到了商代酿酒业十分发达，已出现了较大的酿酒作坊。商代嗜酒风气盛行。在一些贵族墓葬中，有爵、盉等酒器，可见商代嗜酒胜于饮食，死了也要把酒器放在身边。商朝最后一个国王商纣王生活荒淫无度，喜食肉饮酒，宫廷中的酒和肉可以说是"酒池肉林"。后世也有人认为商朝的灭亡是因为商人过度饮酒。同时，由于青铜器制作技术的提高，酒器的制作也达到前所未有的繁荣时期，并出现了"长勺氏"和"尾勺氏"这种专门制作酒器的氏族。

周代初期，人们发现在高楼或高台饮酒，不仅空气清新、凉爽，而且视野开阔，喝酒的酒楼便应运而生。周代对嗜酒之风有所限制，统治阶级大力提倡"酒礼""酒德"，西周时已建立了一套比较规范的饮酒礼仪，正式御宴还设立专门监督饮酒礼仪的酒官。规定酒的用途主要是在祭祀上，出现了"酒祭文化"。周代乡饮习俗，以乡大夫为主人，处士贤者为宾客，饮酒以年长者为优厚，体现了尊老敬老的优良民风。

（三）春秋战国至秦汉时期

春秋战国时期，由于铁制工具的使用，生产技术得到极大的改进，生产力也有了很大的发展，农民生产积极性有了较大的提高，物质财富大为增加，这为酒的发展奠定了物质基础。这一时期酿酒技术有了明显的进步，酒的质量也随之提高。这一时期的许多文献，都对酒有记载。《诗经·小雅·吉日》中记载"以御宾客，且以酌醴"，这里的"醴"就是酒的一种。《论语》中记载"有酒食先生馔，曾是以为孝乎"。《礼记·月令》中记载"孟夏之月天子饮酎用礼乐"。其中的"酎"是指经过两次或多次复酿的重酿酒，是一种举办盛会时饮用的酒。

秦代，统治者为减少五谷的消耗，曾屡次禁酒，但却屡禁不止。到了西汉始元六年统治阶级开始征收酒税，从此历代沿袭，酒税成为历代国家税收的重要来源。另外，酒的用途在汉代进一步扩大，东汉名医张仲景就用酒疗病，取得了相当的疗效。两汉时期，饮酒还与各种节日联系起来，形成了独特的饮酒日。汉代用酒量很大，开国皇帝刘邦也好喝酒。人们饮酒席地而坐，饮酒器具置于地上，故而这一时期的酒器大多形体矮胖。汉代酒文化的精神内核是以乐为本，重在调和人伦、祭祀祖先和献谀神灵，秦汉以后，酒文化中"礼"的色彩越来越浓，酒礼更为严格。

（四）魏晋南北朝至隋唐时期

秦汉时期提倡戒酒，到魏晋时期，酒禁大开，允许民间自由酿酒。一时间，民间各种私人自酿自饮的现象大量出现，酒业市场繁荣。

魏晋南北朝时期名士饮酒之气盛行,饮酒尚放纵、狂放。"竹林七贤"以酒为乐,陶渊明也喜好喝酒。借助于酒,人们抒发了对人生的感悟、对社会的忧思和对历史的慨叹。酒的作用深入人心,酒文化的内涵也随之得到扩展。魏晋时期开始流行坐床(一种坐具),酒器也变得较为瘦高。此外,这一时期"曲水流觞"的出现,进一步丰富了酒文化的内涵。

隋唐时期,酒与文人墨客结下了不解之缘,文人们吟诗作赋、写书绘画、弹琴奏乐都离不开酒。尤其是唐代,中国的酒文化达到了高度发达时期,这一时期的酒文化底蕴深厚,对唐诗的发展起到了重要作用。酒催发了诗人的诗兴,内化在其诗作里,使酒从物质层面上升到了精神层面。唐朝留下许多关于酒的文学作品。诗仙李白就是饮酒写诗的代表,他不仅以酒抒豪情壮志,还常常借酒咏佯狂放诞之歌,他创作的大量与酒有关的诗歌都成为千古传唱的佳作。杜甫、白居易等都有大量描写酒的诗篇。

唐人饮酒常将"美酒盛以贵器",其饮酒大多在饭后,正所谓"食讫命酒""食毕行酒"。当时饮酒大多是饭后徐饮、欢饮,既不易醉,又能借酒获得更多欢聚尽兴的乐趣。

(五)宋元时期

宋代,酒类品种繁多,达到了历史上的鼎盛时期,其中黄酒、果酒、葡萄酒、药酒等竞相发展,丰富多彩。宋代的酒文化比唐代的酒文化也更加丰富,更接近现代的酒文化。宋代就业繁盛,酒店遍布全国各地。宋代有关酒的专著就有 10 多种,从不同角度论述了当时的酒政、酒史轶事和酿酒技艺。

宋元时期,烧酒开始出现。烧酒又称白酒,这种酒气味芳香纯正,入口绵甜爽净,酒精含量较高,可以长期储存。从此白酒成为中国人饮用的主要酒类。

(六)明清时期

明清时期,酒已成为人们生活中不可或缺的饮品,每逢佳节,人们多会设宴饮酒。不同的节日饮用不同的酒,如元旦饮椒柏酒、正月十五元宵节饮填仓酒、端午饮菖蒲酒、中秋饮桂花酒、重阳饮菊花酒。

明清时期,饮酒特别讲究"陈",酒越陈越好,"陈年佳酿"就是指上了年份的好酒。这一时期,酒席上出现了一种叫"酒令"的助兴游戏,内容五花八门,人物、花草鱼虫、诗词歌赋、戏曲小说、时令风俗都可入令,且雅令很多。雅令的繁盛,把中国的酒文化从高雅的殿堂推向了民间,从名人雅士的雅兴普及为市民的爱好,极大地促进了酒文化的发展。

二、酒的分类

一般来说,含有乙醇(也就是酒精)成分的饮品都叫酒。酒的种类很多,因其生产方法的不同、含酒精量的多少和商业上的习惯,所以分类方法和标准也不一样。若按商业习惯分为白酒、黄酒、果酒、药酒、啤酒五大类;若以生产方法的不同来分,可分为蒸馏酒、发酵酒、配制酒三大类;若按酒精含量不同,又可分为高度酒

（酒精度在40度以上者）、中度酒（酒精度在40度以下、20度以上者）和低度酒（酒精度在20度以下者），如葡萄酒、黄酒、果酒和啤酒，都属低度酒。现在市场出售的39度以下的所谓低度白酒，实际上应该算作中度酒。我国比较习惯按照商业上的传统习惯给酒分类。下面分别介绍白酒、黄酒、果酒、啤酒和药酒的特性，以备老年朋友根据自己的身体状况和需要选择，适量小酌。①

（一）白酒

白酒是一种高浓度的酒精饮料，是用谷物或薯类为原料酿造的。它同果酒、黄酒生产工艺不同，是用蒸馏法制造的，其酒精含量多在50~60度，就是现今市场走俏的"低度白酒"，也多在30度以上。我国是世界著名的酒文化古国，在世界酿酒史上独树一帜。有以茅台为代表的酱香型白酒，以汾酒为代表的清香型白酒，以五粮液为代表的浓香型白酒等，形成了独具特色的香型繁多的白酒家族。白酒很讲究色、香、味，即清澈透明、醇香诱人、香型独具。酱香型酒的特点是醇香馥郁，香气幽美，回味绵长，如茅台、郎酒、习酒等；清香型酒的特点是清香纯正，醇香柔和，余味爽净，如汾酒、西凤酒、衡水老白干等；浓香型酒的特点则是"香、甜、浓、净"四绝，芳香浓郁，回味余长，此香型的酒家族较大，且酒较多，诸如五粮液、剑南春、泸州老窖、古井贡酒、洋河大曲、全兴大曲、双沟大曲等；另外还有一种米香型酒，其特点是蜜香清雅，落口甘爽，回味恰

①卢忠萍，李根寿，郑文清.中国传统文化立体化教程［M］.沈阳:辽宁大学出版社，2015.

畅,如桂林三花酒。至于混合香型酒,顾名思义,其特点是一酒多香,无论是闻、品其香,还是回味其香,各有不同香味,如董酒。

(二) 黄酒

黄酒因其颜色而名之,又称老酒,是一种低度酒,酒精度一般在 15~20 度。黄酒也是用谷物酿造的。它与白酒的酿造方法完全不同,是采用压滤工艺生产的,因而较好地保留了发酵过程中产生的葡萄糖、糊精、甘油、矿物质、醋酸、醛、酯等。据分析,黄酒可提供给人们的热量比啤酒和葡萄酒都高得多。黄酒中含有 10 多种氨基酸,大多数氨基酸是人体不能合成的而且是人体必需的。据测定,每升黄酒中赖氨酸的含量在中外各种营养酒类中是最丰富的,所以人们把黄酒誉为“液体蛋糕”。由于黄酒酒精含量远远低于白酒等蒸馏酒,不但营养丰富,且具补血气、助运化、舒筋活血、健脾补胃、祛风寒的功能,所以医学上还被用于治病、制药。如绍兴的加饭酒、状元红、即墨老酒等,都有这样的功效。

(三) 果酒

果酒是以水果为原料发酵而酿成的酒。由于葡萄酒的产量、质量和品种、名声都远远超过其他水果酒,自然也就成为果酒的代表。由于葡萄酒不经过蒸馏过程,它属于发酵酒类,因此较好地保留了鲜葡萄果实中的各种营养成分,同时在发酵和陈贮过程的一系列生化变化中,又产生了对人体非常有益的新营养物质。这些成分形成了葡萄酒的特殊风味,也构成了其营养性能。酒中含有醇、酸、糖、酯类,矿物质、蛋白质、多种氨基酸和多种维生素。因此,适量饮用非常有益于健康,不仅能滋补健身、开胃和助消化,而且对心血管病、贫血、低血压、神经衰弱等症均有较好的防治效果。葡萄酒酒精含量较低,一般在8~24度,现在市场上出售的我国生产的葡萄酒大多在12度左右。

（四）啤酒

啤酒是风行世界、男女皆宜的饮料。啤酒是外文的译音。它传入我国,只有100多年的历史。啤酒是大麦发芽的辅料糖化后,加啤酒花和酵母发酵而制成的。啤酒是含酒精度数最低的一种酒,只有3~5度,又有丰富的营养成分,除水和碳水化合物外,还含有酒花、蛋白质、二氧化碳、丰富的氨基酸、钙、磷和维生素等。据测定,一公升12度啤酒(按啤酒瓶上所标的这种度数不是酒精度数,而是特指啤酒液中原麦汁重量的百分数,也就是糖度)相当于770克牛奶或210克面包的营养。因此,啤酒素有"液体面包"之美誉。还因为啤酒花含有挥发性的芳香油,使啤酒兼备了特殊香气和爽口的苦味,因而有了健胃、利尿和镇静的医药功效,啤酒中的二氧化碳使其具有消暑散热之功能。

（五）药酒

药酒属配制酒,中医称之为酒剂。它是用白酒、食用酒精、黄酒或葡萄酒,根据不同病症,选择不同药方,用不同方法制成,多为浸泡药材后配制而成的。药酒是中国的传统产品。明代李时珍的《本草纲目》中载有70种药酒,有的至今还在沿用。药酒品种繁多,功效各异,既有滋补功能,又有医疗效用。

一般称起滋补作用的药酒为补性酒,起疗效作用的药酒为药性酒。因为选用的酒不同,所以酒的度数也有高、低之别。药酒剂量浓缩,针对性强,疗效快,服用简单,便于储藏和携带,所以被广泛应用于内科、外科和妇科等某些疾病。但由于酒性强,适用范围有一定的限度,有些病人不宜内服,在临床上应遵医嘱,切忌滥用。

三、酒与人类文明

酒,在酿造之初,便作为一种"美食"广泛流传。随着酒的发展,中国的酒文化也随之不断丰富,酒以独特的方式促进了人类文明的发展。[1]

第一,先民们要满足喝酒需求,就要设法改进酿造技术,提高酒的产量,便兴起了酿酒"技术革命"。同时,人们对饮酒的热衷,也刺激了酒容器的生产、发展、革新等。尤其是陶瓷酒具的需求,促进了我国陶瓷业的发展,使之称誉世界。

第二,由于中国酒大多用粮食酿造,直接刺激了种植业的发展、变革。先民们既要满足吃又要满足享受,唯一的办法是扩大种植面积,寻找、发现新的可食之物。

第三,随着酿酒业的不断发展和人类对酒的兴趣的不断增强,酒文化也得到发展。当酒作为商品进入市场后,酒文化又反作用于酒,促进了酿酒业的发展,甚至刺激着消费。

第四,酒作为一种精神享受,给人们生活带来了愉悦,使人对

---

①梁宁森,刘晓顺.中国古代文化概论[M].西安:三秦出版社,2005.

物质、文化生活产生了更高的欲望和追求。便有了"故人具鸡黍，邀我至田家……把酒话桑麻……"的场景，不仅使人看到农村生活的富足，也体会到沉浸在友人重逢的欢乐气氛中。"酒逢知己千杯少，话不投机半句多""舍命陪君子""五花马千金裘，呼儿将出换美酒，与尔同销万古愁"等，表现出鲜明生活哲理和社会内涵。酒在人们的生活交往中逐渐发挥出它独特的功能作用。通过饮酒，增加了人们相互之间的交往，联络了感情结交了朋友。饮酒叙旧，饮酒赋诗，把酒当歌，极大地丰富了人们的物质文化生活。

第五，人们在饮酒享乐中，逐渐体会、发现了酒对人的益处和药用价值，并且配置了一些药酒。明代医学泰斗李时珍的《本草纲目》中所列药酒名达 70 种，文中记载："酒有紫酒、姜酒、桑椹酒、葡萄酒、蜜酒及地黄、牛膝、虎骨、枸杞、通草、狗肉汁等，皆可和酿作酒，俱各有方。"时珍曰："东阳酒即金华酒，古兰陵也。"太白诗谓"兰陵美酒郁金香"，即此，常饮入药俱良。又曰"兰陵美酒，清香达远，色复金黄，饮之至醉，不头痛，不口干，不作泻"。据现代科学分析，兰陵美酒含有 17 种人体所需的氨基酸等，常饮可补血养肾，舒筋健脑，延缓衰老。

第六，千姿百态的酒文化的形成与发展，使人们对饮酒上升到道德与礼节的高度来认识。《尚书·天逸》便记载了"酒德"一词，曰："天若殷王受之迷乱，酗于酒德哉。"后人刘伶作的《酒德颂》中，明确阐述了酒的本性和作用。可见古人对酒的功过早有认识。酒能供人娱乐，亦能使人醉而作乱，因而形成了约定俗成的礼节和制约规范，把饮酒提到人格修养和节守的高度去看待，这便是"酒德"。

"酒德"经过历代发展,内容极其丰富多彩,逐步成为中华民族优秀文化传统在酒行为上的集中体现。"酒德"包括逸、和、友、敬四个方面。

一是"逸"。酒可助人逸乐、逸兴、逸思才。唐代大诗人李白一生与酒结下不解之缘,就像杜甫描写的:"李白斗酒诗百篇,长安市上酒家眠",李白素有"酒仙"之美称。乘酒兴作诗不仅是他的癖好,也是他"灵感"的源泉。其名篇《将进酒》道出了他的人生感叹。

二是"和"。"和"用在饮酒上,指达到半醉半醒的境界。此时,天地万物均处在微妙之中,人处在一种思维活跃,灵性通感,情趣酣畅的最佳境地,达到了饮酒取乐之趣。

三是"友"。饮酒可融洽人际关系,沟通感情,促进友谊。陌生人初聚,三杯酒下肚,便似一见如故。

四是"敬"。我国素称"礼仪之邦",饮酒也有一定的礼仪规范。既要敬老尊贤,长幼有别,又要讲究文明,保持和谐气氛,达到饮而不醉,饮而不乱之目的。

第三节　茶文化

中国是茶的故乡,也是世界上最早种植茶和饮用茶的国家。茶在我国是公认的国饮,我国人饮茶又注重茶道、茶艺和茶礼,茶是我国传统文化的艺术载体,茶文化的内涵十分丰富。

一、茶的发展

中国是世界上最早发现茶的国家,至今已有四千多年的历史。关于茶叶的源头,唐代陆羽《茶经》就说:"茶之为饮,发乎神农氏,闻于鲁周公。"这一传说一直流传到当代。自神农氏尝百草发现茶至今已有四五千年的历史了。根据科学家的研究,茶树的起源至少有六七千万年的历史,比人类的历史要早得多。[①]

周代人已经懂得吃茶,不过那时候是把茶当做菜吃。后来茶因为独特的味道,逐渐被人们所接受,成为饮品。西汉时期已兴起饮茶之风,茶的保健作用日益受到重视,茶也作为商品在市场上广为流通,成为当时的日常生活必需品。魏晋南北朝时期,茶的社会功能进一步加强,崇尚清淡的玄学家大多喜欢饮茶,饮茶开始进入文学和精神领域。有关茶的诗词歌赋日益增多,茶逐渐脱离作为一般形态的饮品而走入文化圈,起着一定的精神、社会作用。随着佛教的传入、道教的兴起,饮茶又被赋予了宗教色彩。佛家以茶助禅、明心见性,茶成了禅定入静的必备之物,僧众坐禅修行,均以茶为饮;道家求长生、清静,认为饮茶是升清降浊、轻身换骨、修成长生不老之体的好办法。

到唐宋时期饮茶已兴盛全国。唐朝有较多的茶文化,专著和茶诗茶画作品出现。这一时期,世界第一部茶叶、茶文化专著《茶

---

①卢忠萍,李根寿,郑文清.中国传统文化立体化教程[M].沈阳:辽宁大学出版社,2015.

经》问世,它由唐代陆羽所著,成书于公元780年,系统总结了前人的饮茶经验,并结合自己亲自采茶、制茶和煎茶的体会,对茶的起源、历史、栽培、材质、烹煮、器皿、用水、品饮等诸多问题作了精辟的论述。把儒、释、道三教融入饮茶文化中,首创中国茶道精神。后世尊陆羽为"茶神""茶圣""茶仙"。自《茶经》诞生后,煎茶、饮茶几乎成为士大夫生活艺术化的重要体现,随之也出现了大量咏茶的诗篇,饮茶赋诗成为唐代诗人的一大嗜好。当时的诗界"名流"李白、白居易、刘禹锡、韦应物、杜牧等无不饮茶、写茶,茶和诗成为文人墨客生活中不可缺少的重要组成部分,是他们人生的一大乐趣。同时他们将饮茶作为一种愉悦精神的手段,把品饮视为体验高雅文化的过程。茶有提神益思、生精止咳的功能,所以唐朝时寺庙僧侣崇尚饮茶,常在寺院周围种植茶树,制定茶礼、设茶堂,专呈茶事活动。

到了宋朝,茶叶生产得到空前发展,饮茶之风非常盛行。上层社会嗜茶成风,王公贵族经常举行茶宴。宋徽宗赵佶还专门对茶进行研究,并写成茶叶专著《大观茶论》,推动了饮茶之风的盛行与变革。宋代,烹茶法逐渐被淘汰,点茶法盛行。点茶法就是将茶末放到茶盏里用瓷瓶烧开水注入,加以搅拌产生泡沫后再饮用。同时,民间斗茶之风兴起,促进了茶叶学和茶艺的发展。斗茶是古人集体品评茶的品质优劣的一种形式。这一时期,茶学著作更多,比较重要的有蔡襄的《茶录》、宋子安的《东溪试茶录》、黄儒的《品茶要录》等。

元代,茶艺向简约、返璞归真方向发展。明代,皇室提倡饮用散茶,民间更是蔚然成风,并逐渐形成了撮泡法,至今仍为人们所使用。嘉靖年间,茶文化知识开始在欧洲传播。明末清初,精细的茶文化再次出现,茶的种类增多,泡茶的技艺提高,茶具的款式、质地、花纹更是千姿百态。

到了清代,中国茶文化发展更加深入,茶与人们的日常生活紧密结合起来。茶书、茶事、茶诗不计其数,有意在茶中加入香花佳果,茶叶出口成为一种正规行业。饮用方式也有革新,出现了工夫茶。工夫茶是经过文人雅士加工提炼而形成的一种茶艺,讲究茶艺的艺术美、冲泡过程的程式美、品茶时的意境美和环境美,将茶艺推进到了尽善尽美的境界。清末民初,城市茶馆兴起,并发展成为适合社会各阶层所需的活动场所,它把茶与曲艺、诗歌、戏剧和灯谜等民间文化活动融合起来,形成了一种特殊的"茶馆文化"

新中国成立后,我国茶叶产量大大增加。物质财富的大量增加为我国茶文化的发展提供了坚实的基础,一些以茶文化为中心的研究会、社会团体、博物馆等陆续成立,茶叶主产区还开办茶叶节,促进了茶叶文化和经济贸易的发展。

二、茶的种类

中国是世界上茶类最齐全、品种最丰富的国家。由于我国产茶历史悠久,茶区辽阔,自然条件各异,茶树品种繁多,更因采制加工方法不同,从而形成了品类繁多的茶品。实践中采用不同的加工制作工艺,发展了从不发酵、半发酵和全发酵一系列不同茶类,逐步形成了中国传统意义上的绿茶、红茶、青茶、白茶、黑茶、黄茶六种茶类以及花茶和砖茶。①

（一）绿茶

绿茶是中国历史最悠久、产量最大、品种最多的茶类,全国18个产茶区都生产绿茶。绿茶是不发酵茶,其基本工艺流程分为杀青、揉捻、干燥三个步骤;其色泽翠绿,色、味、形俱佳;其特点是色汤清、滋味鲜爽、香气芬芳。绿茶外形有扁平光滑、条索似眉、雀舌、细圆似珠、尖削、圆条、直针、卷曲等千姿百态。

我国著名的绿茶品种有:西湖龙井、黄山毛尖、洞庭碧螺春、泉岗辉白、六安瓜片、南京雨花茶、惠明茶、顾诸紫笋、安化松针、信阳毛尖、古丈毛尖、都匀毛尖、西山茶、古亭绿、峡州碧峰、峨眉峨蕊、镇巴雾毫等。我国绿茶花色品种之多居世界之首,每年出口数万吨,占世界茶叶市场绿茶贸易的70%左右。

（二）红茶

红茶是经过发酵制成的茶,品质风格与绿茶大不相同。绿茶是清汤绿叶,而红茶则是红汤红叶,色泽红艳。与绿茶相比,红茶在加工鲜叶时不经杀青而是进行萎凋、揉捻后还要发酵。茶叶经萎凋发酵后,产生了茶红素、茶黄素等氧化物,形成了红茶特有的色、香、味。红茶分为条红茶和红碎茶。

条红茶包括小种红茶和工夫茶。主产区为福建、云南、安徽、

---

①梁宁森,刘晓顺.中国古代文化概论[M].西安:三秦出版社,2005.

江西等省,以安徽祁门工夫红茶和云南滇红品质最佳,驰名中外。条红茶条索紧细,匀齐清秀,色泽乌润,香气馥郁,滋味醇厚甘甜,汤色、叶底红亮。

红碎茶是因外形细碎而得名,多为袋泡茶,以云南、广东、广西的红碎茶品质最好。

（三）乌龙茶

乌龙茶是所有茶类中最耐人寻味的茶叶,属半发酵茶,由于色泽呈青褐色,也称青茶。乌龙茶的发酵程度介于绿茶和红茶之间,所以乌龙茶既有绿茶鲜浓之味,又有红茶甜醇之美。典型的乌龙茶,叶缘呈红色,叶片中间呈绿色,故有"绿茶红镶边"的美名。汤色黄红,滋味浓醇,具有独特的花香和果香,香气浓烈持久,饮后留香,并具有提神、消食、止痢、解暑、醒酒等功效。

乌龙茶于19世纪中期由福建闽南首创,后传播到闽北、广东和台湾等地,以产地、品种、品质上的区别,乌龙茶可分为闽北乌龙、闽南乌龙、广东乌龙、台湾乌龙四类。每个品类都有驰名中外的名茶,如武夷岩茶、铁观音、凤凰单枞、岭头单枞、黄金桂、台湾乌龙茶等。

（四）白茶

白茶是我国的特产,主要产于福建、广东等地,茶色白者是品质上乘的象征。白茶多选用多毫的幼嫩芽叶制成,不炒不揉,只将细嫩、叶背长满茸毛的茶叶晾晒烘干,使白色茸毛完整地保留下来,工艺独特。白茶外形芽毫整齐或形态自如成朵,满身披毫,毫香清鲜,汤色清中显绿,滋味清淡回甘。此外,白茶味温性凉,具有退热降火之功、健胃提神之效,所以更适宜盛夏酷暑饮用。白毫银针和白牡丹为白茶名品。

(五)黑茶

黑茶属后发酵茶。由于加工过程中,堆积发酵时间较长,使叶色油黑或黑褐,因而称为黑茶。黑茶采用的原料较粗老,是压制紧压茶的主要原料。黑茶产区广阔,品种较多,主要以湖南黑茶、湖北老青茶、四川边茶、滇桂黑茶为名品。湖南黑茶色泽黑褐,汤色橙色,叶底黄褐,香味醇厚,具有特殊的松烟香;云南普洱茶和广西六堡茶是滇桂黑茶中的名品,普洱茶汤色红浓明亮,香气独特陈香,滋味醇厚回甜,饮后令人心旷神怡。普洱茶还有降脂、减肥、预防高血压的作用,深受国内外消费者的欢迎;六堡茶色泽黑褐光润,特耐冲泡,汤色红浓似琥珀,滋味醇和干爽,润滑可口,有槟榔香味。

(六)黄茶

黄茶是微发酵茶,在加工中增加了一道闷黄的工序:将茶叶堆积促使茶多酚、叶绿素部分氧化,形成特有的黄色。成品黄茶一般叶芽细嫩,色泽金黄,油嫩有光。黄茶汤色橙黄,清澈明亮,香气清高,叶底嫩黄。黄茶的滋味既不同于绿茶,也有别于红茶、乌龙茶,浓而不涩,醇而可口,有圆滑醇爽之口感。

黄茶名品有湖南的君山银针、浙江的平阳黄汤、四川的蒙顶黄芽、安徽的霍山黄芽和黄大茶等。

（七）花茶

花茶是成品绿茶之一。将香花放在茶坯中窨制而成。常用的香花有茉莉、珠兰、玫瑰、柚花等。以福建、江苏、浙江、安徽、四川为主要产地。苏州茉莉花茶，是花茶中的名品；福建茉莉花茶，属浓香型茶，茶汤黄绿醇厚，香味浓烈，鲜味持久。

（八）砖茶

砖茶属紧压茶。用绿茶、花茶、老青茶等原料茶经蒸制后放入砖形模具压制而成，主要产于云南、四川、湖南、湖北等地。砖茶又称边销茶，主要销售边疆、牧区等地。

三、茶的功效

（一）茶的营养价值

现代科学研究表明，饮茶不仅提神益思、增加营养，而且可以延缓衰老、健身益寿。千百年来，茶已被人们认为是最为理想的天然保健饮料。茶叶富含各种营养成分，人体必需的蛋白质与氨基酸、碳水化合物、脂肪、矿物质、维生素、粗纤维和水等七类营养素，在茶叶中几乎都具备。茶叶中的蛋白质含量高达 20% 以上；茶叶中大约含 30 种氨基酸；含量最高的茶氨酸为茶叶所特有；茶叶中的矿物质是茶树从土壤中吸收的营养元素，其中磷、钾、钙、镁、铁、锰及微量元素锌、铜、钼、硼、硒等，均为人体所必需；茶叶中还含有多种维生素，含量最高的维生素 C 和 B，此外，还有维生素 A、D、E、

K 等。所以,饮茶能使人体获得丰富的营养成分。[1]

(二) 茶的药用价值

自古以来,人们喜欢饮茶,这与茶"鲜明香色凝云液,清澈神情敌病魔"的防病治病作用密切相关。关于茶的药用功效,历代茶、医、药三类文献中多有述及。茶的医疗效用可以总结为:生津、止渴、解热、消暑、除口臭、助消化、增进食欲、兴奋神经中枢、消除疲劳、少睡、益思、利尿、增强肾脏的排泄功能;防治坏血病;固齿强骨;去脂、减脂、防治动脉硬化;清肝、明目、保护视力;解毒、防癌、抗衰老、延年益寿等功效。茶的药理成分主要是茶多酚、咖啡碱、脂多糖等。

茶还有一定的抗癌作用。从 20 世纪 70 年代后期起,世界各国的科学家对茶的抗癌作用进行了广泛的研究,大量的实验结果肯定了茶的抗癌作用。致癌物质如亚硝胺、人体内的自由基,可以引发致癌基因的形成和促使其发展,而茶叶中的茶多酚能够阻断亚硝胺的化和形成。研究表明,绿茶和乌龙茶的阻断作用最明显,其中西湖龙井居各种茶叶之首。医学家认为,每天两次饮用 3 克茶叶沏泡的茶水、可以有效阻断人体内亚硝胺的形成。茶叶中的儿茶素具有很强的消除人体内自由基的功能。

(三) 茶与茶疗

所谓茶疗,即用茶或以茶为主、辅品以配制适当的中药制成的药茶(包括以药代茶)饮服或外用,以此来养生保健、防病治病的治

---

[1]梁宁森,刘晓顺.中国古代文化概论[M].西安:三秦出版社,2005.

疗方法。茶疗的特点是既有茶的特色和茶的功效,又具有茶叶本身所没有的效用。而且茶与其他药物配用,有助于发挥和加强药物的疗效,有利于药物的溶解,还能增加香气、调和药味。茶疗组方精练、灵活,制作简单,饮服方便,适应面广,既可用于养生保健,又可以防病治病。

（四）茶与美容

茶叶是美容的佳品,因人而异地充分运用茶,能够收到抗皱润肤、美颜悦色、乌发生精的效果。茶叶所蕴含的丰富营养以及多种营养物质的药理作用,使人体气血流畅、腠理疏通,从而达到美容的效果。儿茶素是天然的抗氧化剂,其抗衰老作用高于维生素 C 和 E。经常饮茶,可达到防治皮肤老化早衰的效果。

四、泡茶方法

茶叶中的化学成分是组成茶叶色、香、味的物质基础,其中多数能在冲泡过程溶解于水,从而形成了茶汤的色泽、香气和滋味。泡茶时,应根据不同茶类的特点,调整水的温度、浸润时间和茶叶的用量,从而使茶的香味、色泽、滋味得以充分发挥。泡好一壶茶要重点注意四个方面:第一是茶水比例,第二是泡茶水温,第三是浸泡时间,第四是冲泡次数。[1]

---

①卢忠萍,李根寿,郑文清. 中国传统文化立体化教程［M］. 沈阳:辽宁大学出版社,2015.

（一）茶水比例

茶叶中各种物质在沸水中浸出的快慢与茶叶的老嫩和加工方法有关。氨基酸具有鲜爽的性质，因此茶叶中氨基酸含量多少直接影响着茶汤的鲜爽度。名优绿茶滋味之所以鲜爽、甘醇，主要是因为氨基酸的含量高和茶多酚的含量低。夏茶氨基酸的含量低而茶多酚的含量高，所以茶味苦涩；春茶则相反，故有"春茶鲜、夏茶苦"的谚语。

茶叶用量应根据不同的茶具、不同的茶叶等级而有所区别。一般而言，水多茶少，滋味淡薄；茶多水少，茶汤苦涩不爽。因此，细嫩的茶叶用量要多；较粗的茶叶，用量可少些，即所谓"细茶粗吃""精茶细吃"。

普通的红、绿茶类（包括花茶），可大致掌握在 1 克茶冲泡 50~60 毫升水。如果是 200 毫升的杯（壶），放上 3 克左右的茶，冲水至七八成满，就成了一杯浓淡适宜的茶。若饮用云南普洱茶，则 200 毫升水需放茶叶 5~8 克。

乌龙茶因习惯浓饮，注重品味和闻香，故要汤少味浓，用茶量以茶叶与茶壶比例来确定，投茶量大致是茶壶容积的 1/3 至 1/2。

一般来说，茶不可泡得太浓，因为浓茶有损胃气，对脾胃虚寒者更甚。茶叶中含有鞣酸，太浓太多，可收缩消化黏膜，妨碍胃吸收，引起便秘和牙黄。同时，太浓的茶汤和太淡的茶汤不易体会出茶香嫩的味道。古人谓饮茶"宁淡勿浓"是有一定道理的。

（二）冲泡水温

据测定,用60℃的开水冲泡茶叶与等量100℃的水冲泡茶叶相比,在时间和用茶量相同的情况下,茶汤中的茶汁浸出物含量,前者只有后者的45%~65%。这就是说,冲泡茶的水温高,茶汁就容易浸出;冲泡茶的水温低,茶汁浸出速度就慢。"冷水泡茶慢慢浓",说的就是这个道理。

泡茶的茶水一般以刚滚开的沸水为好。久滚开的沸水会破坏维生素C等成分,而咖啡碱、茶多酚会很快浸出,使茶味变苦涩;水温过低则茶叶浮而不沉,内含的有效成分浸泡不出来,茶汤滋味就会寡淡,不香、不醇。

水温的高低,还与冲泡的品种花色有关。具体来说,高级细嫩名茶,特别是高档的名绿茶,冲泡时水温为80℃~85℃。只有这样泡出来的茶汤色清澈不浑,香气纯正而不钝,滋味鲜爽而不熟,叶底明亮而不暗,使人饮之可口,视之动情。如果水温过高,汤色就会变黄;茶芽因"泡熟"而不能直立,失去欣赏性;维生素遭到大量破坏,降低营养价值;咖啡碱、茶多酚很快浸出,又使茶汤产生苦涩味,这就是常说的把茶"烫熟"了。反之,如果水温过低,则渗透性较低,往往使茶叶浮在表面,茶中的有效成分难以浸出,结果,茶味淡薄,同样会降低饮茶的功效。大宗红茶、绿茶和花茶,由于原料老嫩适中,故可用90℃左右的开水冲泡。

冲泡乌龙茶、普洱茶和沱茶等特种茶,由于原料并不细嫩,加之用茶量较大,所以须用刚沸腾的100℃开水冲泡。特别是乌龙茶为了保持和提高水温,要在冲泡前用滚开水烫热茶具;冲泡后用滚开水淋壶加温,目的是增加温度,使茶香充分发挥出来。边疆民族喝的紧压茶,要先将茶捣碎成小块,再放入壶或锅内煎煮后,才供人们饮用。

(三)冲泡时间

茶叶冲泡时间差异很大,与茶叶种类、泡茶水温、用茶数量和饮茶习惯等都有关。

如用茶杯泡饮普通红茶、绿茶,每杯放干茶 3 克左右,用沸水 150~200 毫升,冲泡时宜加杯盖,避免茶香散失,时间以 3~5 分钟为宜。时间太短,茶汤色浅淡;茶泡久了,增加茶汤涩味,香味还易丧失。不过,新采制的绿茶可冲水不加杯盖,这样汤色更艳。用茶量多的,冲泡时间宜短,反之则宜长。质量好的茶,冲泡时间宜短,反之宜长些。

茶的滋味是随着时间延长而逐渐增浓的。据测定,用沸水泡茶,首先浸提出来的是咖啡碱、维生素、氨基酸等,大约到 3 分钟时,含量较高。这时饮起来,茶汤有鲜爽醇和之感,但缺少饮茶者需要的刺激味。以后,随着时间的延续,茶多酚浸出物含量逐渐增加。因此,为了获取一杯鲜爽甘醇的茶汤,对大宗红茶、绿茶而言,头泡茶以冲泡后 3 分钟左右饮用为好,若想再饮,到杯中剩有 1/3 茶汤时,再续开水,以此类推。

对于注重香气的乌龙茶、花茶,泡茶时,为了不使茶香散失,不但需要加盖,而且冲泡时间不易太长,通常 2~3 分钟即可。由于泡乌龙茶时用茶量较大,因此第一泡 1 分钟就可将茶汤倾入杯中,自第二泡开始,每次应比前一泡增加 15 秒左右,这样才是使茶汤浓度不致相差太大。

白茶冲泡时,要求沸水的温度在 70℃左右,一般在 4~5 分钟后,浮在水面的茶叶开始徐徐下沉,这时,品茶者应以欣赏为主,观茶形、察沉浮,从不同的茶姿、颜色中使自己的身心得到愉悦,一般到 10 分钟,方可品饮茶汤。否则,不但失去了品茶艺术的享受,而且饮起来淡而无味,这是因为白茶加工未经揉捻,细胞未曾破碎,所以茶汁很难浸出,以至浸泡时间须相对延长,同时白茶只能重泡一次。

(四) 冲泡次数

据测定,茶叶中各种有效成分的浸出率是不一样的,最容易浸出的是氨基酸和维生素 C;其次是咖啡碱、茶多酚、可溶性糖等。一般茶冲泡第一次时,茶中的可溶性物质浸出 50%~55%;冲泡第二次时,能浸出 30%左右;冲泡第三次时,能浸出约 10%;冲泡第四次时,只能浸出 2%~3%,几乎是白开水了。所以,通常以冲泡三次为宜。

如饮用颗粒细小、揉捻充分的红碎茶和绿碎茶,由于这类茶的内含成分很容易被沸水浸出,一般都是冲泡一次就将茶渣滤去,不再重泡。速溶茶,也是采用一次冲泡法,工夫红茶则可冲泡 2~3 次。而条形绿茶如眉茶、花茶通常只能冲泡 2~3 次。白茶和黄茶一般也只能冲泡 1 次,最多 2 次。

品饮乌龙茶多用小型紫砂壶,在用茶量较多(约半壶)的情况下,可连续冲泡 4~6 次,甚至更多。

五、茶道

中国传统哲学认为，"道"是宇宙及人生的规律及法则。茶道则是茶与道的融合，是茶文化的核心。中国茶道渗透着中国儒、释、道的哲学思想，对茶道的学习有助于深入理解中国茶文化，并进一步把握中国传统文化的精髓。

（一）茶道的含义

茶道，就是品赏茶的美感之道，也被视为一种烹茶饮茶的生活艺术，是一种以茶为媒的生活礼仪，一种以茶修身的生活方式。它通过沏茶、赏茶、闻茶、饮茶，增进友谊，美心修德，学习礼法，领略传统美德，是很有益的一种和美仪式。喝茶能静心、静神，有助于陶冶情操、祛除杂念。茶道精神是茶文化的核心。茶道文化起源于中国，唐代就出现"茶道"一词，南宋时期传入日本，衍生出日本茶道。现如今，茶道文化已在日本流行。

茶道包括茶艺、茶镜、茶礼和修道四要素。茶艺是指备器、选水、取火、候汤、习茶的一套技艺；茶境是指茶事活动的场所和环境；茶礼是指茶事活动中的礼仪；修道是指通过茶事活动来怡情养性。

（二）中国茶道的基本精神

中国茶道精神内涵厚重，博大精深，是饮茶和茶艺中贯彻的一种精神。我国学者对茶道的基本精神有着不同的理解。中国茶道精神源于人对生活、世事的理解，它所蕴涵的精神元素，无疑是我国优秀的传统文化之一。我国传统的人文精神根植于儒、释、道融合的土壤之中,因此,我国茶道精神主要为和、静、怡、真,并将其作为一个综合的归结加以体现。其中,"和"是中国茶道哲学思想的核心;"静"是中国茶道修习的不二法门;"怡"是中国茶道修习、实践中的心灵感受;"真"则是中国茶道的终极追求。这也是"六如茶痴"林治先生关于茶道基本精神的观点。[①]

1. 和

和,是儒、佛、道共有的理念,源自于《周易》"保合大和",即世间万物皆由阴阳而生,阴阳协调,方可保全大和之元气。陆羽在《茶经》中指出,煮茶的过程正是金、木、水、火、土五行相生相克并达到和谐的过程。传统儒家所追求的"中庸之道"的"中和"思想,在茶道中体现得淋漓尽致。如在泡茶之时,表现为"酸甜苦涩调太和,掌握迟速量适中"的中庸之美;在饮茶过程中则表现为"饮罢佳茗方知深,赞叹此乃草中英"的谦和之礼。

2. 静

中国茶道是修身养性、追寻自我之道。要想通过茶事活动明心见性,品味人生,以至体悟宇宙的奥秘,茶须静品。宋徽宗赵佶在《大观茶论》中说:"茶之为物……冲淡闲洁,韵高致静。"静则明,静则虚,静可虚怀若谷,静可内敛含藏,静可洞察明激,体道入微。所以,"静"则成为茶道修行的必由途径。

道家哲学认为"静"在修道过程中有着极高的哲学内涵。道家创始人老子在《道德经》中讲:"致虚极,守静笃,万物并作,吾以观

---

①高利水,赵美红.中国传统文化(慕课版)[M].北京:人民邮电出版社,2017:221.

其复。夫物芸芸，各复归其根。归根曰静，静曰复命。"另一位道家代表人物庄子讲："水静则明烛须眉，平中准，大匠取法焉。水静伏法，而况精神。圣人之心，静，天地之鉴也，万物之镜。""静"乃是人们洞察自然、反观自我、体悟道德的重要途径。

不仅道家主"静"，儒家和佛家同样提倡"静"，认为人只有在安宁、平静的状态下才能参悟道的奥义、达到修身养德的目的。儒家经典《大学》开头写道："知止而后能定，定而后能静，静而后能安，安而后能虑，虑而后能得。"讲的就是"静"在修身过程中的重要作用。

茶出自山来，便先蹈火，再赴汤，历经锤炼，反复浮沉，荡涤人的灵魂，纯净人的精神。品茶就像品人生。中国茶道正是通过茶事活动创造一种宁静的氛围，当茶的清香浸润人们的心田和肺腑之时，人们的心灵便能在虚静中得到升华与精华，并与大自然融为一体，达到"天人合一"的境界。

3. 怡

怡，是和悦、愉快的意思，是指茶道中的雅俗共赏、怡然自得、身心愉悦。中国茶道是雅俗共赏之道，它不讲形式，不拘一格，在日常生活中处处都有体现。不同信仰、不同文化层次的人对茶道有不同的追求。文人雅士追求"茶之韵"，意在托物寄怀，激扬文思，交朋结友；佛家讲茶道追求"茶之德"，讲究去困提神，参禅悟道，见性成佛；道家讲茶道重在"茶之功"，意在品茗养生，保生尽年，羽化成仙；普通老百姓讲茶道则重在"茶之味"，意在去腥除腻，涤烦解渴，享乐人生。无论什么人，都可以在茶事过程中取得生理上的快感和精神上的舒畅。中国茶道的这种怡悦性，使得它有非常广泛的群众基础,这种怡悦性也正是中国茶道区别于强调"清寂"的日本茶道的根本标志之一。

4.真

真,是中国茶道的起点,也是茶道的终极追求。真,原是道家的哲学范畴,在老庄哲学中,真与"天""自然"等概念相近,真即本性、本质,所以道家追求"返璞归真",要求"守真""养真""全真"。茶道中的真,范围很广,表现在茶叶上,真茶、真香、真味;环境上,真山、真水、真迹;器具上,真竹、真木、真陶、真瓷;还包含在待人态度上要真心、真情、真诚、真闲。茶事活动的每一个环节都要认真,都要求真,这才是真正的中国茶道。

关于中国茶道的基本精神,不同的学者有不同的理解。除了"和、静、怡、真"之说,还有我国台湾地区茶艺协会第二届大会通过的"清、敬、怡、真"之说,茶业泰斗庄晚芳教授提出的"廉、美、和、敬"之说。虽然说法不同,但基本体现了中国文化精神。

第四节　中国饮食文化与老年生活

一、中国饮食文化的主要特征

中国饮食文化源远流长,丰富多彩。中国传统的农业文明,孕育了中国饮食的农耕、农本文化特征;道德本位的伦理型文化,使中国饮食文化具有了政治伦理、宗教伦理、社会礼俗等文化特质;

贵和尚中,天人合一,五行相生等文化精神,塑造了中国饮食和合的文化特征。①

(一) 中国饮食文化的农耕、农本文化特征

中国是以农耕文明为主的国家。中国农业比较发达,大约在距今一万年的时候出现了农业。历代统治者也将农业作为百业之首、立国之本,予以倡导。农业的发展和繁荣也为中国饮食文化的产生、发展提供了物质基础。千百年来,中国的饮食结构和习惯以植物性食料为主。古代先民"日出而作,日落而息",因而饮食的次数和时间安排上,也符合农耕文化的需要,一日两餐大约在早上9点和下午4点。随着生产力的发展,到了汉代才出现了早、中、晚一日三餐制,并通行至今。

中国古代饮食文化除了突出农耕文明文化特征外,还特别重视饮食和农时的关系。古代先民遵守"春耕、夏耘、秋收、冬藏,四者不失其时,故五谷不绝而百姓有余食也"。与之相适应,在饮食方面也有"春吃芽,夏吃叶,秋吃果,冬吃根"的习惯。在清明、端午、中秋等节日,也吃相应的时令食品。比如,中秋节的月饼,正是将新收的花生、核桃、芝麻等干果做成馅料,包在面皮中,做成圆形的饼,用来祭月。

(二) 中国饮食文化的道德伦理特征

中国古代饮食中也多有蕴含治国的理论,承载着中国的道德

---

① 孙金荣.中国饮食的主要文化特征[J].山东农业大学学报(社会科学版),2007(3):93-100.

伦理。如《道德经》中的"治大国,若烹小鲜",诸多统治者将之作为治国之术,意思是治国的政治举措,就像煎小鱼一样不要胡乱搅动,要顺乎社会、自然之道,将治国之道与饮食文化智慧巧妙结合。再如,孟子以"鱼和熊掌不可兼得"比喻舍生取义。中国古代烹饪用的鼎,后来作为国家最高权威的象征;祭祀用鼎的数量,也体现了政治权力和等级制度。饮食文化活动是古代士大夫政治品味、资历、等级、权力与身份的象征和体现,如"钟鸣鼎食"之家,方能"食有鱼,出有车",而平民百姓只能粗茶淡饭。

(三) 中国饮食文化的和合精神

中国传统文化的两大基石是孔孟儒学和老庄哲学,中国饮食文化也与儒家、道家思想息息相关。中国古代哲学中的阴阳五行说、儒家的中庸之道、道家的天人合一自然观,奠定了中国饮食文化和合精神的基石。中国饮食之和的基本含义,即浓淡相宜,咸酸适中,达到适度、平衡、和谐、统一,由此可见饮食文化蕴含的中国传统文化"中和为美"的哲学意蕴和审美特征。

根据五行学说,人们提出了饮食季节性应与五味、五行相符,不同季节的饮食偏重不同的味道,即人的饮食要与自然和合,要与事物的客观属性和合。《周礼·天官·食医》云:"凡和,春多酸,夏多苦,秋多辛,冬多咸,调以滑甘。"《黄帝内经·素问》云:"是故多食咸,则脉凝泣而变色;多食苦,则皮槁而毛拔;多食辛,则筋急而爪枯……此五味之所伤也。故心欲苦,肺欲辛,肝欲酸,脾欲甘,肾欲咸,此五味之所合也,五脏之气。"古人以五行配五味,以五味和五脏,阐发了饮食对人体的功用,强调人与自然的相通、相融和统一。古时人们无论是食材还是调料,都应按四时、阴阳之变而变,达到天人的和谐统一。

中国古代追求饮食与人的生理感官的和合。饮食中追求"饮德食和"的美妙境界,达到色、香、味、形、声、感的"和合"。中国古代先民对"美"的原始意识是从食物味觉开始的,重视食物给予感官的愉悦。《说文解字》中许多与膳食有关的字都从"羊",比如"美"字是由"羊""大"会意而成,本义就是美味。

古代更加追求饮食与精神方面的和合,比如能够进入精神境界的酒和茶。在文学家、艺术家那里,酒和茶是一种媒介,人们更多追求的是创造心灵沟通的环境,以达到精神的愉悦和满足。酒还是文人创作的催化剂,古人吃酒、写酒,以酒入诗,借酒抒情,以酒助力;酒助书画兴致,酒出诗画意境。杜甫《饮中八仙歌》:"李白一斗诗百篇,长安市上酒家眠。天子呼来不上船,自称臣是酒中仙。张旭三杯草圣传,脱帽露顶王公前,挥毫落纸如云烟。"展示了诗仙李白的豪情和气度;张旭借着酒兴,把书法升华到如梦如幻的艺术境界,博大清新,纵逸豪放,具有强烈的盛唐气象。喝茶能静心、静神,有助于陶冶情操、怡情养性。

二、中国饮食文化与老年生活

中国饮食文化是中华民族几千年沉淀的文化精髓,渗透着中国传统文化精神。学习中国传统饮食文化,能指导老年人的饮食生活,使之更健康、更高雅。

(一)遵循中国饮食传统

中国以农业文明为主,世世代代中国人也多以植物性食料为主。老年人随着消化系统功能减退,也应多食用五谷杂粮,按照时令选择食材,多吃应季瓜果蔬菜,保证食品的新鲜。比如,"春吃芽,夏吃叶,秋吃果,冬吃根",遵循大自然规律而安排饮食,养成更加科学合理的饮食习惯。同时合理安排饮食时间,定时用餐,少食多餐。俗话说:"若要身体安,三分饥和寒。"老人要吃多种食物,但每种食物数量不宜过多,每餐七八分饱就可以了。注意荤素搭配、粗细搭配、口味搭配、干稀搭配。

(二)吃出文化和高雅

饮食不仅要满足生理需求,吃好吃饱,同时要吃出文化,吃出高雅。通过学习中国饮食文化,了解各个菜系特征以及营养搭配方法。老年人饮食要精而少,追求色香味俱全,合理搭配营养,注意营养平衡。营造一个优雅、安静、整洁的就餐环境,保持一个良好的用餐心情。同时在饮食中体悟中国中庸和合文化、天人合一文化等,在家庭饮食和宴会中传播中国饮食礼仪,将日常饮食与中国文化融为一体,做一个崇尚高雅、懂得礼节的谦谦老人。

(三)坚持药食同源

中国传统医药博大精深,符合中国人健康规律。建议老年人学一些中医药知识,在生活中遵循药食同源,日常饮食中添加一些中草药,学会饮食养生。也可以适当做些按摩、推拿等中医保健治疗,这更加适合老年人身体健康。建议谨慎使用保健品和药品,更不要过度治疗和过度服用药品。

（四）合理饮茶

现代科学研究表明,饮茶不仅提神益思、增加营养,而且可以延缓衰老、健身益寿。所以,老年人可以根据自己的身体状况,选用适合自己的茶叶,适时饮用。比如,春夏季节,多饮绿茶、白茶,清新解热;秋冬季节天气寒凉,多饮红茶,暖胃健身。女性老人还可以选用适当的花茶,抗皱润肤、美颜悦色,既能愉悦精神,还能辅助延缓衰老。

 **思考与拓展**

1. 请简述中国饮食文化的特征。

2. 请简单介绍中国八大菜系的区域和特点。

3. 中国酒有哪几类? 各自的特点是什么? 谈谈你对中国酒文化的认识。

4. 中国茶有哪几类? 各自的产地和特点是什么?

5. 简述饮茶的好处有哪些? 谈谈你觉得自己适合饮用哪一种茶? 为什么?

第七章
中国传统医药文化

　　中国传统医药是中国传统文化的重要组成部分,和中国传统文化是一脉相承的,中国传统文化为传统医药的形成和发展提供了社会文化条件。中国传统医药理论体系是有关中医学、中药学的理论体系,是古人在长期的生产生活实践中同疾病做斗争的丰富经验总结,并在此基础上形成了自己独特的诊断、治疗及预防疾病的医药理论体系。

第一节　传统医药学

　　中国传统医药学是以中医药学为主,在唯物论和辩证法思想指导下,经过长期的临床实践逐步形成的,具有系统、完善的理论体系和独特的治疗手段及方法。中医药学有着悠久的历史,几千年来为中华民族的繁衍昌盛和世界医学的发展做出了巨大贡献。

一、中医学发展简史

中医产生于原始社会，是人类为了自身的生存和繁衍，在生产劳动和与疾病抗争过程中逐渐产生和发展的。

早在3000多年前商代的甲骨文中就有疾、医、疥、龋、浴、沫等有关疾病和治疗的文字记载。在周代就有了食医（营养医）、疾医（内科）、疡医（外、伤科）和兽医等医学分工，并有除虫灭鼠和改善环境卫生等防病活动的记载。

春秋战国时期，中国古代哲学思想的繁荣与发展促进了中医学理论的丰富与发展。秦、汉时期，随着《黄帝内经》的问世，中医学理论体系逐渐形成。同一时期的名医扁鹊，擅长妇、内、儿、五官科，常运用针灸、按摩、汤药、熨帖及手术等方法治病，尤其对诊脉颇有研究。汉代成书的《神农本草经》，是我国第一部药物学专著，所记载药物功效如麻黄平喘、常山截疟、黄连止痢、瓜蒂催吐、海藻疗瘿，至今仍在临床应用且疗效被验证。东汉时期我国医学大家张仲景著有《伤寒杂病论》，确立了"理、法、方、药"的中医辨证论治理论基础，被后世尊为"医圣"和"医方之祖"。三国时期的名医华佗，精通外科手术和麻醉，还独创健身体操"五禽戏"，开创了保健医学的先河。

魏晋隋唐时期，出现了我国第一部脉学专著《脉经》，第一部针灸学专著《针灸甲乙经》，我国最早的病因、病理和证候学专著《诸病源候论》。唐代孙思邈所著《千金要方》，内容涉及中医学的理论、医方、诊法、治疗、养生等方面,并提出"大医精诚"作为医德修养的名言,至今仍有非常重要的现实意义。唐朝以后,中国医学理论和著作大量外传到高丽、日本、中亚、西亚等地。

宋金元时期,活字印刷术的发明促进了医学书籍的出版与繁荣。宋政府组织编撰有《太平圣惠方》《圣济总录》等大型方书,宋慈著有世界上最早的法医学专著《洗冤录》,北宋钱乙著有我国也是世界上最早的儿科专著《小儿药证直诀》,陈自明著有妇科专著《妇人良方大全》。公元1027年,王惟一铸成针灸铜人,是世界上最早的教具,对于中医学教学及临床实践指导有着重要的意义。金元四大家刘完素、张子和、李东垣、朱丹溪,倡导学术争鸣,对中医学产生了积极的促进作用。

明清时期,中医学理论和实践得到进一步发展,尤其是在温病诊治方面积累了丰富的经验。明代吴又可在《温疫论》中提出了"戾气病因学说",是17世纪在传染病病因学上的卓越创见,书中记载有鼠疫、天花、白喉等传染病,为温病学说的形成奠定了基础。清代医家叶天士、吴鞠通在临床实践的基础上,创立"卫、气、营、血"和"三焦"的温病病机传变理论和临床辨证论治方法,使温病学说日趋发展,逐渐成为在病因病机、辨证论治等方面都自成体系的一门学说。鸦片战争以后,西方医学流入中国,中医学陷入存与废的争论之中。

新中国成立以来,在党的卫生工作方针和中医政策的指导下,中医事业得到了复兴和发展,中医学的宝贵遗产得到不断挖掘和整理,"国家发展医药卫生事业,发展现代医药和我国传统医药"已写入了《中华人民共和国宪法》。全国成立了各级中医教育、临床和科研机构,培养专科、本科、研究生等不同层次的中医专业人才,开展中西医结合专业研究。各种人才和现代实验设备进入中医科研领域,并取得了可喜的成果。可以肯定,中医将得到更进一步的发展,成为 21 世纪世界医学的璀璨明珠。

二、中医学的基本特点

中医学有着悠久的历史,是经过长期的临床实践而形成的具有系统、完善的理论体系和独特的治疗手段及方法的一门学科。与现代医学相比较,有其许多优势和特点,其中最基本的特点是整体观念和辨证论治。

(一) 整体观念

整体是指完整性和统一性。整体观念是中医关于人体自身的整体性及人与自然、社会环境的统一性的认识。中医学非常重视人体自身的整体性,认为人体是一个有机整体。同时也强调人与自然、社会环境的相互关系,认为人体与外界环境也是一个不可分割的整体。

1.人体是一个有机的整体

中医学认为人体是一个以心为主宰,以五脏为中心的有机整体。人体的脏腑、形体、官窍等组织器官之间不是彼此孤立的,而是相互联系、相互为用、相互制约的。它们在结构上不可分割,生理上相互联系,病理上相互影响,在诊断、治疗疾病时,只有从整体出发,才能做出正确的诊断,治疗得当。如中医舌诊,通过察舌来测知内脏的功能状态,就是从整体出发,察外知内。

2. 人与外界环境有密切的联系

外界环境是人类赖以生存的必要条件,包括自然环境和社会环境,因而人的生命活动必然受到自然环境和社会环境的影响。反过来,人又能通过生命活动改造自然环境、影响社会,所以说人与自然环境、社会环境是统一的,相互联系的。

(1)人和自然环境的统一性。人的生存离不开自然界,自然界是人类赖以生存的必要条件。同时自然环境的变化如季节、昼夜、地理环境等必然会影响人体的生命活动。如人体的生理活动会随着季节气候的规律性变化而出现不同的反应。《黄帝内经》记载:"天暑衣厚则腠理开,故汗出……天寒则腠理闭,气湿不行,水下留于膀胱,则为溺与气。"就充分体现了人体的生理活动与季节气候变化的紧密联系;当然,如果季节气候的变化超过了人体的适应能力或自我调节限度,就会导致疾病的发生;在治疗疾病的时候也应根据四时气候的特点来选择用药,春夏慎用温热、秋冬慎用寒凉。

(2)人和社会环境关系密切。人是社会的组成部分,人能影响社会,反过来社会的变动对人的生理、病理也会产生影响。社会的进步与落后、社会的治与乱、个人社会地位变化等都会对身心健康产生影响。社会安定、环境舒适、生活规律,就会健康长寿;社会动乱、环境恶劣、生活无序,就容易出现各种疾病对健康产生不利影响。

（二）辨证论治

辨证论治是中医诊疗疾病的主要手段之一,分为辨证和论治两个阶段。

辨证就是将四诊(望、闻、问、切)所收集的各种病情资料通过分析、综合,辨清疾病的原因、性质、部位及邪正关系,概括、判断为某种性质的证候。论治就是根据辨证的结果,确定相应的治疗方法。辨证是确定治疗方法的前提与依据,论治是辨证的目的,通过治疗的效果可以检验辨证论治正确与否。两者是中医诊疗疾病过程中,相互联系不可分割的两个方面。

辨证论治是中医诊疗理论体系的一大特点,着眼于疾病的本质"证"来认识和治疗疾病。在中医临床中不同的病,如果证候相同,就可以采取同样的治疗方法,即"异病同治";相反,同样的病,在不同的发展阶段,由于证候不同,治法也就不同,即"同病异治"。

三、中医学的哲学基础

中医产生于原始社会,在中医学的形成和发展过程中,中国古代哲学被运用到中医学的各个领域,对中医学产生了深远的影响,其中对中医学影响最深刻的主要是阴阳学说和五行学说。

（一）阴阳学说

阴阳,是中国古代哲学的一对重要范畴,是对自然界相互关联的某些事物或现象对立双方属性的抽象概括,并不指具体的事物。阴阳学说认为,自然界所有的事物都可以分为阴和阳两个方面,凡是相互关联且又相互对立的事物或现象,或同一事物内部相互对立的两个方面,都可以用阴阳来概括其各自的属性。一般来说,凡是运动的、向外的、上升的、温热的、明亮的、兴奋的、无形的都属于阳;相对静止的、向内的、下降的、寒凉的、晦暗的、抑制的、有形的都属于阴。如以天地而言,天为阳,地为阴;以水火而言,水为阴,火为阳;以脏腑而言,腑属阳,脏属阴。

事物的阴阳属性是相对的,是通过相互比较而归纳出来的。若事物的总体属性发生了改变,或比较的层次或对象变了,事物的阴阳属性也随之改变。如一年之中,秋天与夏天比较,其气凉而属阴;与冬天比较,则其气温而属阳。

阴阳学说的基本内容主要包括阴阳对立制约、阴阳互根互用、阴阳消长平衡、阴阳相互转化等方面。古代医家将阴阳与中医学理论结合,形成了中医特色的阴阳学说,广泛运用于中医学各个领域,用来说明人体的组织结构、生理功能、病理变化,并指导养生和临床诊疗。

（二）五行学说

五行,即木、火、土、金、水五种物质及其运动变化。五行学说是研究这五种物质的概念、特性及其相互间的生克、乘侮规律,并用来阐释宇宙万物发生、发展、变化及相互关系的一种古代哲学思想。五行学说认为世界是物质的,自然万物是由木、火、土、金、水五种基本物质的运动变化而成,自然界各种事物和现象的发生发展,皆是这五种物质不断运动和相互作用的结果。

五行的特性是古人在长期的生活和生产实践中,对木、火、土、金、水五种物质直观观察和朴素认识的基础上,进行抽象引申而逐渐形成的理性概念。《尚书·洪范》载"水曰润下,火曰炎上,木曰曲直,金曰从革,土爰稼穑",可以说是对五行的特性做了经典的概括。

(1)"水曰润下":引申为凡具有滋润、下行、寒凉、闭藏等性质或作用的事物都归属于水。

(2)"火曰炎上":引申为凡具有温热、向上、明亮等性质或作用的事物都归属于火。

(3)"木曰曲直":引申为凡具有生长、升发、条达、舒畅等性质或作用的事物都归属于木。

(4)"金曰从革":引申为凡具有收敛、肃杀、沉降等性质或作用的事物都归属于金。

(5)"土爰稼穑":引申为凡具有生化、承载、受纳等性质或作用的事物都归属于土。故有"土为万物之母""土载四行"等说法。

五行学说依据五行的特性,运用"取象比类"法和"推演络绎"法,将自然界各种事物和现象进行归类,分别归属于木、火、土、金、水五行之中(见表7-1)。

取象比类法是将事物的特有征象与五行的特性相类比,对事物进行五行归类的方法,如南方炎热,与火之炎上特性相似,故南方归属于火;北方寒冷,与水之寒凉特性相似,故北方归属于水。推演络绎法是根据已知事物的五行属性,推演归纳与其相关事物的五行属性的方法。如肝属于木,而肝合胆,主筋,开窍于目,故胆、筋和目也属木。

表 7-1　事物属性的五行归类表

自然界						五行	人体					
五味	五色	五化	五气	五方	五季		五脏	六腑	五官	五体	五志	五液
酸	青	生	风	东	春	木	肝	胆	目	筋	怒	泪
苦	赤	长	暑	南	夏	火	心	小肠	舌	脉	喜	汗
甘	黄	化	湿	中	长夏	土	脾	胃	口	肉	思	涎
辛	白	收	燥	西	秋	金	肺	大肠	鼻	皮	悲	涕
咸	黑	藏	寒	北	冬	水	肾	膀胱	耳	骨	恐	唾

五行学说以天人相应思想为指导,以五行为中心,将自然界的事物和现象与人体的生命活动联系起来,形成了联系人体内外环境的五行结构系统,用以说明人体自身以及人与自然环境的统一性。

五行之间存在着有序的"相生""相克"关系。相生相克是指五行之间存在着相互滋生和相互制约的关系,在人体中属于生理现象。五行相生的顺序是木生火,火生土,土生金,金生水,水生木;五行相克的顺序是木克土,土克水,水克火,火克金,金克木(见图 7-1)。

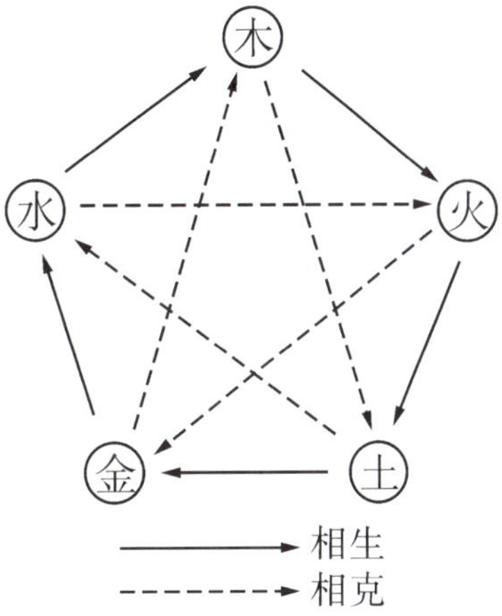

图 7-1　五行生克关系图

五行之间既相互资生,又相互制约,维持事物的协调平衡。当这种平衡被打破时,就会出现五行的相乘、相侮,在人体中就会形成病理现象。

五行学说同阴阳学说一样,也是中医学理论体系的重要组成部分。中医学主要以五行的特性来分析归纳脏腑组织的生理功能,以五行的生克关系来分析脏腑组织之间的生理联系,以五行的乘侮规律来阐释脏腑病变的相互影响,并指导临床诊断及疾病治疗。

四、中医对正常人体的认识

（一）脏腑

脏腑是人体内脏的总称。按照生理功能特点,中医学将脏腑分为五脏、六腑和奇恒之腑三类。五脏,是指心、肝、脾、肺、肾,其共同生理特点是化生和贮藏精气。六腑,是指胆、胃、小肠、大肠、膀胱、三焦,其共同生理特点是受盛和转化水谷。奇恒之腑,是指脑、髓、骨、脉、胆、女子胞,形态中空与腑相似,功能贮藏精气与脏相近,故称之为"奇恒之腑"。中医学中的脏腑名称虽与现代人体解剖学的脏器名称基本相同,但对脏腑生理、病理的认识却不完全相同。中医学中的一个脏腑的生理功能,可能包含着现代解剖学中几个脏器的生理功能;而现代解剖生理学中的一个脏器的生理功能可能分散在中医学中的某几个脏腑的生理功能之中。

1. 五脏

（1）心。生理功能:①主血脉;②主神志。心开窍于舌,在体合脉,其华在面,在志为喜,在液为汗。与小肠相表里。

（2）肺。生理功能:①主气、司呼吸;②主宣发肃降;③通调水道;④朝百脉、主治节。肺开窍于鼻,在体合皮,其华在毛,在志为忧,在液为涕。与大肠相表里。

（3）脾。生理功能:①主运化;②主升清;③主统血。脾开窍于口,在体合肉,其华在唇,在志为思,在液为涎。与胃相表里。

（4）肝。生理功能:①主疏泄;②主藏血。肝开窍于目,在体合筋,其华在爪,在志为怒,在液为泪。与胆相表里。

（5）肾。生理功能:①藏精、主生长发育与生殖;②主水;③主纳气。肾开窍于耳及二阴,在体合骨,其华在发,在志为恐,在液为唾。与膀胱相表里。

2. 六腑

（1）胆。生理功能:贮存和排泄胆汁,胆主决断。

（2）胃。生理功能:受纳、腐熟水谷,胃以降为和。

（3）小肠。生理功能:主受盛化物、泌别清浊,小肠主液。

（4）大肠。生理功能:传化糟粕,大肠主津。

（5）膀胱。生理功能:贮尿和排尿。

（6）三焦生理功能:通行元气,为水液运行的道路。

中医学认为,人体是一个有机的整体,脏与脏、脏与腑、腑与腑之间联系密切,它们在生理功能上相互制约、相互依存、相互为用,在病理上又常按一定的规律相互影响、相互转变。

（二）气、血、津液

气、血、津液,是构成人体和维持人体生命活动的基本物质,是脏腑、形体、官窍生理功能活动的物质基础。气是不断运行着的、活力很强的精微物质;血是运行于脉管中富有营养的红色液态物质;津液是机体一切正常水液的总称。气、血、津液均赖脾胃化生的水谷精微不断地补充,它们之间有着相互化生、相互依存、相互为用,又相互制约的密切关系。

气有推动、温煦等作用,属于阳;血和津液,都是液态物质,有濡养、滋润等作用,属于阴。气、血、津液的生成和代谢,依赖于脏腑、经络等组织器官的生理活动,而这些组织器官的生理活动,又必须依靠气的推动、温煦,以及血和津液的滋润和濡养。因此,气血津液与脏腑、经络等组织器官之间,始终存在着互相依存的密切关系。

(三) 经络

经络是经脉和络脉的总称,"经"有路径的含义,为经络系统直行的主干,较粗大,数目较少,主要纵行于人体深部,有固定的路径;"络"有网络的含义,为经脉的分支,较经脉细小,数目较多,纵横交错,人体深部浅部均有循行,网络全身。经络是人体运行气血、联络脏腑形体官窍、沟通上下内外的通路。经络内属于脏腑,外络于肢节,将人体的脏腑、器官、孔窍及皮肉筋骨等组织紧密联结成一个有机的整体,是人体借以运行气血、营养全身的路径。

经络学说是研究人体经络系统的组成、循行分布、生理功能、病理变化及其与脏腑相互关系的学说,是中医理论体系的重要组成部分。它不仅是针灸、推拿等学科的理论基础,而且对指导中医临床有十分重要的意义。人体的经络系统,有经脉、络脉和连属部分组成(见图 7-2)。

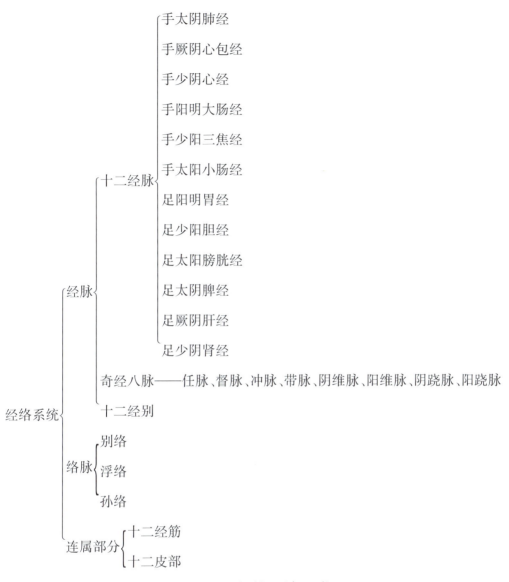

图 7-2　经络系统组成

在正常生理状态下,经络能运行气血,感应传导信息。当出现疾病时,经络又是病邪传注、反映病变的途径。如肝火上炎常见目赤肿痛,心火上炎常见舌尖红赤、糜烂等。内脏的疾病可通过经络反映于体表,因而在临床上可用于疾病的诊断。如头痛,可根据经脉在头部的循行分布而辨别,痛在前额者多与阳明经有关,痛在两侧者多与少阳经有关,痛在颈项者多与太阳经有关,痛在颠顶者多与督脉、厥阴经有关。经络学说被广泛地用于指导临床各科疾病的治疗,特别是针灸、推拿及药物治疗。如针灸治病主要是通过针刺与艾灸等方法刺激体表腧穴,以疏通经气,调节人体脏腑气血,从而达到治疗疾病的目的。通过调理经络的方法还可以调整脏腑功能、调畅气血、平衡阴阳,达到强身保健、预防疾病的目的。如常灸足三里穴能强身健体、益寿延年。

五、中医对疾病的认识

中医学认为疾病的发生主要关系到邪气和正气两个方面。正气是指人体正常机能及所产生的各种维护健康的能力,包括自我调节能力、适应环境能力、抗邪能力和康复自愈能力。邪气即病因,又称病邪,简称邪,泛指各种致病因素。

中医学把病因分为外感病因、内伤病因、病理产物性病因和其他病因等四类。外感病因多来自自然界,从肌表、口鼻侵入机体而发病,又称为"外邪",包括六淫和疠气。内伤病因一般来自人体内部,病因由内而生,与外感病因不同。包括七情内伤、饮食失宜、劳逸失度等。病理产物性病因是指疾病过程中气血失调所产生的病理产物,这些病理产物滞留体内,成为新的致病因素,故称为病理产物性病因,包括痰饮、瘀血、结石等。此外,外伤、寄生虫、药邪等也是致病因素。

发病的基本原理是邪正相争,疾病的发生、发展和变化,是在一定条件下邪正斗争的结果。邪正斗争的胜负,决定发病与否。

邪气侵袭机体,正气奋起抗邪。若正气强盛,抗邪有力,则邪气难于侵入,或侵入后即被正气及时驱除,不产生病理反应而不发病;若邪气偏胜,正气相对不足,邪胜正负,致使脏腑阴阳、气血失调,气机逆乱,则可导致疾病的发生。

邪正斗争的胜负,决定疾病的发展和转归。正胜邪退则疾病趋向于痊愈,邪胜正衰则疾病趋向于恶化,邪正相持则疾病趋向于迁延,而成慢性或持久不愈。

六、中医独具特色的诊法

中医诊法有着悠久的历史,是中医学独具特色的诊断疾病的方法。2006 年 5 月,中医诊法被列入第一批国家非物质文化遗产名录。中医诊法以中医理论为指导,主要运用望、闻、问、切"四诊"诊察疾病、收集病情资料,为治疗提供依据。

望诊是运用视觉观察患者的神、色、形态、舌象、分泌物和排泄物等的异常变化来诊察病情的一种方法。望诊在中医诊法中占有重要地位,被列为四诊之首,包括望神、望色、望局部情况、望形态、望分泌物与排泄物、望舌、望络脉等。望舌即舌诊,通过观察病人舌质、舌苔变化,来判断病情、推测预后,是望诊的重要内容。

闻诊是通过听声音和嗅气味来诊断疾病的方法。听声音是指诊察患者的语言、呼吸、咳嗽、呕吐、嗳气、呃逆等各种声响;嗅气味是指嗅患者口气、体气及排泄物的气味。

问诊是通过询问患者或家属,了解疾病的发生、发展、诊疗经过和患者当前自觉症状及既往病史以诊察疾病的一种方法。

切诊,是医生用手在患者机体的一定部位进行触、摸、按、压,以了解病情的方法。包括脉诊和按诊两部分。

望诊、闻诊、问诊、切诊四种诊法从不同角度来诊察病情,所搜集的资料意义不同,四种诊法不能互相替代。因此,临床运用时必须将其结合起来,做到"四诊和参",才能全面、客观地了解病情,对疾病做出正确的判断。

七、中医治则

治则是中医治疗疾病时所必须遵循的原则。中医治疗疾病是从整体观念出发,通过四诊收集病情资料,在进行综合分析、辨证的基础上,最终确立治疗疾病的原则。然后进一步明确具体治疗方法,指导遣方用药。

(一)早治防变

早治防变,就是在疾病发生后,要积极地及早诊治,防止疾病的发展与传变。疾病一般都有一定的传变途径和发展规律。疾病的初期,一般病位较浅、病情较轻、正气未衰,若及早诊治,易于治愈而传变较少;若不及时诊治,病邪就会由表入里,致使病情由轻变重,给治疗带来困难。

(二)治病求本

《素问·阴阳应象大论》说"治病必求于本"。治病求本,就是在治疗疾病时,必须寻找出疾病产生的根本原因,并针对造成疾病的根本原因进行治疗,这是辨证论治的基本原则。

标与本是相对而言的,"标"指现象,"本"指本质。标与本是互相对立的两个方面,中医学常用标本关系来概括说明事物的现象与本质。从正邪双方来说,正气为本,邪气为标;从病因与症状来说,病因为本,症状为标;从发病先后来说,先病为本,后病为标;从病变部位来说,内脏为本,肌表为标等。一般来说,"标"是次要矛盾,在疾病发展过程中起次要作用,"本"是主要矛盾,起主要作用。因此,在疾病治疗过程中,就需运用标本的理论,区分标本的缓急、轻重、主次,急则治其标,缓则治其本,标本并重或标本均不太急时标本同治。

(三) 扶正祛邪

疾病的发生发展是邪正双方相互斗争的过程。正邪斗争的消长盛衰关系到疾病的发生、发展与转归。邪胜于正则病进,正胜于邪则病退。因此,通过扶助正气,祛除邪气,可以改变邪正双方的力量对比,使疾病向好转、痊愈方向转化,使机体早日康复。

(四) 调整阴阳

阴阳的相对平衡维持着人体的正常生命活动过程。疾病的发生,从根本上说是阴阳的相对平衡遭到破坏,出现了阴阳失调。调整阴阳是根据机体阴阳偏盛偏衰的状况,损其有余、补其不足,使阴阳恢复到相对平衡状态,是临床治疗疾病的基本原则之一。

(五) 三因制宜

三因制宜是治疗疾病所必须遵循的一个基本原则。自然界是人类赖以生存的必要条件,人体健康与自然界息息相关。人的生理功能,疾病的发生、发展、转归常受四时气候、地域环境等因素的影响。另外,年龄、体质、情志变化、饮食起居等与疾病的发生、发展也有密切的关系。因此,在治疗疾病时,应根据季节气候、地域环境,以及患者的年龄、体质等不同情况,因时、因地、因人制宜。

八、著名本草典籍

我国传统药学有着悠久的历史,是古人在长期的医疗实践中积累起来的,由于药物品种繁多,以植物药为主,使用也最普遍,所以古来相沿把我国传统药物和药学典籍称为"本草"。保存流传下来的丰富的本草典籍和文献,记录着我国人民发明和发展医药学的智慧创造和卓越贡献,是中华民族优秀文化宝库中的一个重要内容。

大约成书于汉代的《神农本草经》,是我国现存最早的药物学专著,书中系统地总结了之前的药学成就,对后世本草学的发展具有深远的影响,被公认为中药学经典著作,全书共载药物365种,最早对药物进行了分类,分为上品、中品、下品三类。南北朝时期梁代陶弘景在《神农本草经》的基础上著成《本草经集注》,全书共收药730种,首创按药物自然属性分类的方法,把药物分成玉石、草木、虫兽、果、菜、米食、有名未用七类,是《神农本草经》之后本草学史上的另一块里程碑。唐、宋时期,政府曾组织专人整理修订本草著作。唐代苏敬等人编写的《新修本草》,是中国由政府颁行的第一部药典,也是世界上最早的药典。全书载药844种,书中增加了药物图谱,并附有文字说明,这种图文对照的方法,开创了世界药学著作的先例,该书反映了唐代药学的高度成就,对后世药学的发展产生了深远的影响。明代李时珍著成《本草纲目》,全书 52 卷,共载药 1892 种,绘图 1100 余幅,附方 11 000 余首。《本草纲目》对中国医药学发展做出了巨大的贡献,是几千年来祖国药物学的总结,是我国医药宝库中的一份珍贵遗产。该书先后被翻译成多种文字传播海外,被誉为"东方药物巨典",对人类近代科学以及医学方面影响巨大。中国传统药学,是后人不断丰富补充前人著作的结果。在中医药学的发展过程中,历代著名本草典籍繁多,不再一一列举。

新中国成立以来,党和政府高度重视中医药事业的发展,制定了一系列相应的政策和措施。随着现代自然科学技术和社会经济的进步,本草学也取得了前所未有的成就。其中最能反映当代本草学术成就的有各版《中华人民共和国药典》《中药志》《中国中草药汇编》《中药大辞典》《原色中国本草图鉴》《中华本草》等。数量多,门类齐全,从各个角度将传统药学提高到了一个崭新的水平。

第二节　中国传统医药文化与老年生活

世界卫生组织对老年人的定义为 60 周岁以上的人群。不同国家和地区由于国情、发展程度不同,对于老年人的定义存在一定差异,我国现阶段以"60 周岁及以上"作为划分老年人的标准。

人到老年，机体脏腑组织的功能和形态都会出现退行性变化，生理机能自然衰退，机体调节、适应能力降低。再加上退休后社会角色、社会地位的改变，社会活动减少，生活圈子变小等带来心理上的变化，常产生孤独、失落、忧郁、多疑、烦躁易怒等心理状态。如果遇到不良刺激，易于诱发多种疾病，不易恢复，影响老年人生活质量。不少老年人喜欢学习中医养生保健知识，并运用于生活中，来预防疾病的发生发展。可见，中国传统医药的特色养生文化对于提高老年人的生活质量、改变老年人的生活观念有积极的作用，已逐渐成为老年人生活中的重要选择。

一、中医养生的特点

养生，又称摄生、道生。是根据人类生命规律，采取能够预防疾病、增进健康、延年益寿的手段，而进行的保健活动。古人把养生的理论和方法叫作"养生之道"。正如《素问·上古天真论》说："上古之人，其知道者，法于阴阳，和于术数，食饮有节，起居有常，不妄作劳，故能形与神俱，而尽终其天年，度百岁乃去。"此处的"道"，指的就是养生之道。

中医养生学历史悠久，源远流长。它的形成和发展与中华民族数千年光辉灿烂的传统文化密切相关，是中华民族优秀文化的重要组成部分，有它自身的特点。

（一）有独特的理论体系

中医养生学以中医学理论为指导，运用阴阳五行学说、藏象学说、经络理论等,阐述人体的生命规律。重视"天人相应""形神合一"的整体念,特别强调人与自然界的协调统一。以"精、气、神"三宝为养生保健的核心,确定了指导养生实践的基本原则,提出养生之道必须"法于阴阳,和于术数""起居有常"等。即顺应自然,遵循自然变化的规律,主动地采取各种养生措施适应其变化,以避邪防病,保健延年。

(二) 和谐适度的宗旨

中医养生学讲究和谐适度。认为个体只有有所节制,保持适度,使体内阴阳平衡,才能真正达到养生的效果。例如,情绪不能波动过大、饮食要有节制、房事不要过于频繁、注意劳逸适度等,都体现了这种思想。正如晋代养生家葛洪所说"养生以不伤为本"。

(三) 综合调养和辨证调养相结合

养生保健并非一朝一夕之功。养生实践活动要伴随生命活动的各个环节,针对人体的各个方面,采取多种调养方法,持之以恒地进行审因施养,才能达到目的。因此,中医养生学一方面强调从自然环境到衣食住行,从兴趣爱好到精神卫生,从药物调养到运动保健等,进行全面调理保养,使机体内外协调,适应自然变化,增强抗病能力。另一方面又十分重视按照不同情况辨证施养,主张养生要因人、因时、因地制宜,针对个体不同特点有的放矢,体现中医养生的动态整体平衡和审因施养的思想。例如,不同年龄注意分阶段选择合适的养生方法;注意顺应自然变化规律,四时养生等;进行形体锻炼,提倡根据需要,可分别选用动功、静功或动静结合之功,还可以配合导引、按摩等方法。

（四）适应范围广泛

养生保健是相伴一生的长期实践活动。人自出生开始每个年龄阶段都存在着养生的内容。人在未病之时,患病之际,病愈之后,都有养生的必要。不仅如此,对不同体质、不同性别、不同地区的人也都有相应的养生措施。因此,中医养生学的适应范围是非常广泛的,应引起人们的高度重视,全面普及,提高养生保健的自觉性,把养生保健看作生命活动的一个重要组成部分。

二、中医养生与老年生活

（一）顺应四时变化

人生活在自然界中,自然界的四时气候变化,必然会使人体产生相应的生理和病理反应。因此,只有掌握其规律,顺应其变化,才能避邪侵袭,减少疾病的发生。中医学提出了"春夏养阳,秋冬养阴""法于阴阳""和于术数"等摄养原则,以适应自然规律,继而保健防病。

（二）重视情志调养

中医养生十分重视精神情志调养,要求真正做到"恬淡虚无",不使情志过极,以防止疾病发生。积极乐观、开朗豁达、情志愉悦,可使人体的气机调畅、气血平和,从而减少疾病的发生,促进疾病的康复。反之,强烈或反复持久的情志刺激,可使气血不和、阴阳失调、脏腑经络功能紊乱,导致疾病发生。

老年人精神情志调摄的关键在于培养乐观情绪,保持神志安定。可以通过欣赏音乐、习字作画、垂钓怡情等方法进行调摄,寓情于物,达到身心愉悦的目的。

(三) 注意形体锻炼

通过形体锻炼,可使气机调畅、气血流通、筋骨强劲、脏腑旺盛、增强体质,提高抗病能力。还能调节人的精神情志活动,促进身心健康。但形体锻炼应遵循因人而异、运动适度、循序渐进、持之以恒、动静结合的基本原则。

老年人形体锻炼更应遵循因人而异、适时适量,循序渐进、持之以恒的原则。参加锻炼前,要进行全面检查,了解身体健康状况及有无重要疾病。可在医生的指导下,选择恰当的运动项目,掌握好活动强度、速度和时间。一般来讲,老年人运动量宜小不宜大、动作宜缓慢而有节律。可以选择一些适合老年人的运动项目,如太极拳、五禽戏、八段锦、慢跑、散步、游泳、乒乓球、羽毛球、老年体操等。锻炼时要量力而行,力戒争胜好强,避免情绪过激。

(四) 饮食有节

饮食要有节制,科学规律,不可过饥或过饱。饮食应寒热适中,合理搭配,五味调和,不可偏嗜。饮食有节可以调养脾胃,使气血化生有源,脏腑功能强盛,神旺体健。若经常暴饮暴食,可导致消化不良,影响脾胃化生气血的功能,还可导致肥胖等病证;若摄食不足,营养缺乏,可致气血生化乏源,抗病能力下降,产生诸多疾病。

老年人的消化系统功能较弱,饮食调摄应以营养丰富、清淡易消化原则。做到饮食多样化,食宜清淡、熟软,进食宜缓,进食要定时、限量,少吃多餐。

（五）起居有常

起居有常,是指起居要有一定规律。中医非常重视起居作息的规律性,安排适宜的作息时间,以达到预防疾病,增进健康和长寿的目的。《素问·上古天真论》说:"上古之人,其知道者,法于阴阳,和于术数,食饮有节,起居有常,不忘作劳,故能形与神俱,而尽终其天年,度百岁乃去。"清代名医张隐庵说:"起居有常,养其神也;不妄作劳,养其精也。"说明起居有常,合理作息,能保养神气,使人精、神充沛,生命力旺盛;反之,起居无常,不遵循自然规律和人体常度来安排作息,天长日久则神气衰败,机体抵抗力下降,易生病。

老年人的生活,既不要安排得十分紧张,也不要毫无规律,要科学合理,符合老年人的生理特点。尽可能做些力所能及的体力劳动或脑力劳动,注意劳逸适度;要保证良好的睡眠,早睡早起,注意避风防冻;居住环境要阳光充足、空气流通、安静清洁、湿度适宜、方便生活;保持良好的卫生习惯,定时排便,保持大小便通畅。

（六）防止病邪的侵害

病邪是导致疾病发生的重要条件,有时甚至起着主导作用。防止邪气侵害,一是要"虚邪贼风,避之有时"(《素问·上古天真论》);二是要注意病人的消毒隔离,以避其传染;三是用药物预防疾病等。

思考与拓展

1. 华佗、扁鹊、张仲景、孙思邈等都是古代名医,谈谈你对这些名医的认识。

2. 从《神农本草经》开始,中国就有了大量的本草学专著,其中记载了大量中草药,结合日常生活谈谈你所认识的中药材及其药效。

3. 中医康复治疗方法都有哪些? 结合实际谈谈对身体分别有什么益处?

4. 中医养生历史悠久,结合所学知识谈谈你认为中医养生具有哪些现代意义。

参考文献

［1］李建中. 中国文化概论［M］. 2 版. 武汉：武汉大学出版社，2014.

［2］高利水，赵美红. 中华传统文化（慕课版）［M］. 北京：人民邮电出版社，2017.

［3］卢忠萍，李根寿，郑文清. 中国传统文化立体化教程［M］. 沈阳：辽宁大学出版社，2015.

［4］梁宁森，刘晓顺. 中国古代文化概论［M］. 西安：三秦出版社，2005.

［5］吴澎. 中国饮食文化［M］. 北京：化学工业出版社，2021.

［6］楼宇烈. 中国的品格［M］. 成都：四川人民出版社，2014.

［7］张燕婴译注. 论语［M］. 北京：中华书局，2006.

［8］郭彧译注. 周易［M］. 北京：中华书局，2006.

［9］万丽华，兰旭译注. 孟子［M］. 北京：中华书局，2006.

［10］饶尚宽译注. 老子［M］. 北京：中华书局，2006.

［11］孙通海译注. 庄子［M］. 北京：中华书局，2006.

［12］陈秋萍译注.金刚经　心经　坛经［M］.北京:中华书局,2006.

［13］王国轩译注.大学　中庸［M］.北京:中华书局,2006.

［14］胡平生,陈美兰译注.礼记　孝经［M］.北京:中华书局,2006.

［15］袁行霈.中国文学史［M］.北京:高等教育出版社,2020.

［16］于非.中国古代文学教程［M］.北京:高等教育出版社,2014.

［17］周扬.中国大百科全书　中国文学(第Ⅰ卷)［M］.北京:中国大百科全书出版社,1986.

［18］中国戏曲研究院.中国古典戏曲论著集成［M］.北京:中国戏曲出版社,1959.

［19］黄敏学.中国音乐文化史［M］.北京:中国人民大学出版社,2013.

［20］刘魁立,张旭.剪纸［M］.北京:中国社会出版社,2008.

［21］人民教育出版社,课程教材研究所,美术课程教材研究开发中心,上海书画出版社编著.义务教育教科书教师教学用书　美术　二年级　上册［M］.北京:人民教育出版社,2013.

［22］刘芹.中国古代舞蹈［M］.北京:商务印书馆,1997.

［23］徐杰舜.汉族风俗史(第Ⅰ卷)［M］.上海:学林出版社,2004.

［24］吴澄.月令七十二候集解［M］.济南:齐鲁书社,1997.

［25］吴敦序.中医基础理论［M］.上海：上海科学技术出版社,1995.

［26］李季委,孙志安.中医学基础［M］.2版.北京：中国中医药出版社,2018.

［27］武荣芳.中药学［M］.2版.北京：中国中医药出版社,2018.

［28］陈健尔,李艳生.中国传统康复技术［M］.3版.北京：人民卫生出版社,2019.

［29］王玉川.中医养生学［M］.上海：上海科学技术出版社,2013.

［30］张岂之.中国传统文化［M］.北京：高等教育出版社,1994.